HISTOIRE DES RUES

ET DES

MAISONS DE SENS

PAR

Charles PORÉE

FASC. I : Partie occidentale de la Grande-Rue

AUXERRE

IMPRIMERIE ALBERT GALLOT, RUE DE PARIS, 47

1915

HISTOIRE DES RUES ET DES MAISONS DE SENS

HISTOIRE DES RUES

ET DES

MAISONS DE SENS

PAR

Charles PORÉE

—

FASC. I : Partie occidentale de la Grande-Rue

AUXERRE

IMPRIMERIE ALBERT GALLOT, RUE DE PARIS, 47

—

1915

AVANT-PROPOS

Il y avait autrefois, dans les Archives du Chapitre de Sens, un manuscrit appelé le *Livre des Figures*. Le greffier Claude Laurent y avait dessiné, sur les feuillets de douze grands registres, les plans et les coupes des maisons de la ville de Sens comprises dans la censive des chanoines. Au bas des feuillets, « des notes, des extraits d'actes » établissaient la liste des détenteurs successifs de chaque maison et en retraçaient ainsi brièvement l'histoire. Nous essaierons ici de reconstituer et de compléter, sinon dans ses « figures », du moins dans son texte, le manuscrit, depuis longtemps perdu, de Claude Laurent.

Pour cette reconstitution, les documents abondent. On connaît l'adage : « Nulle terre sans seigneur. » Cette maxime juridique, dont la coutume de Sens reconnaissait l'application, pourrait se traduire, en ce qui concerne les fonds urbains, par cette autre : « Nulle maison sans cens. » Et en effet, toutes les maisons de notre ville étaient chargées d'une redevance perpétuelle, non rachetable et imprescriptible, représentant le prix de la cession, par le seigneur, du fonds sur lequel elles étaient bâties. Généralement cette redevance, appelée cens, était devenue extrêmement minime par suite de la dépréciation de l'argent; mais, comme elle entraînait le droit, beaucoup plus productif, des lods et ventes, prélevé à chaque mutation des propriétaires, les seigneurs qui en jouissaient veillaient avec soin à ce qu'elle fût régulièrement perçue. A cet effet, ils avaient des registres, dits *censiers,* sur lesquels étaient inscrits, rue par rue, les maisons de leur censive, toutes exactement désignées par le nom de leurs détenteurs, par leurs enseignes et par leurs tenants et aboutissants. Ces registres, constamment tenus à jour et fréquemment renouvelés, nous sont parvenus en grand nombre et ils constituent la source principale de notre travail.

Dans le renouvellement perpétuel de la vie, sans cesse un peu du passé meurt. Logis de bois aux pignons aigus, maisons de pierre aux baies ouvertes sous des arcs, accolades et fleurons ornant les portails, images naïves sculptées aux poteaux corniers, échauguettes accrochées au flanc des murs, bretauches enjambant les ruelles, puits aux margelles usées, escaliers aux rampes de pierre, tous ces vestiges du décor où vécurent nos pères disparaissent peu à peu chaque jour et, des maisons dont nous dirons l'histoire, le plus souvent il ne reste que la place où elles s'élevèrent et les souvenirs qui s'y rattachent. Ici, sous le même toit, se succédèrent pendant des siècles des générations de gens de robe; plus loin, la même enseigne vit prospérer une lignée laborieuse d'artisans. Des uns et des autres, les noms oubliés sont restés inscrits sur les feuillets de nos censiers, et c'est leur souvenir aboli que nous ferons revivre. L'histoire des maisons de Sens sera ainsi celle des familles sénonaises. Maison, famille ! Ces deux mots ne sont-ils pas, du reste, synonymes ?

HISTOIRE DES RUES

ET DES

MAISONS DE SENS

Les anciennes ont l'air de veuves
Qui se souviennent en pleurant.
Sully-Prudhomme, *les Solitudes*.

I. — QUARTIER SUD-OUEST

I. — LA GRANDE-RUE

(DE LA PORTE D'YONNE A LA RUE COUVERTE)

La Grande-Rue a porté ce nom de tout temps. Dès le XIIIe siècle, c'est la *magna rua*, le *magnus vicus* (1), la grande voie de la cité, et le nom de *rue de la Convention* qui lui fut donné en 1793 ne parvint pas à supplanter l'appellation séculaire.

Elle s'allongeait de l'Ouest à l'Est, d'un bout à l'autre de la ville, de la porte d'Yonne à la porte Formeau et, sur une longueur de 429 toises, prenait des aspects divers, ici élargie et toute bruyante de l'animation des hôtelleries et des auberges, là resserrée entre les maisons de la Sellerie, et plus loin, vers l'Est, comme endormie entre les murs silencieux des maisons religieuses.

1. — LES ENSEIGNES

La Grande-Rue, dans sa partie occidentale, était, avec la rue Couverte, le quartier le plus commerçant de la ville et les enseignes y étaient nombreuses. A une époque où la mu-

---

(1) « Incipit *magna rua* a porta Yone usque ad domum Johannis Juliot de Provins » (1302). Arch. Yonne H 306, fol. 31 v° « *Magnus vicus* per quem itur a ponte Yone ad majorem ecclesiam Senonensem » (1261), *Ibid.* H 297.

mérotation des maisons n'existait pas encore, l'enseigne n'était pas nécessairement le signe de tel ou tel commerce. Si le Mortier d'Or indiquait clairement une officine d'apothicaire, si l'Eperon et les Trois Etriers étaient la marque naturelle d'une boutique de sellier, le plus souvent on chercherait en vain quelque rapport entre l'enseigne et le commerce du tenancier de la maison. Le Mouton, à la toison touffue, qui pendait sur le parvis à la boutique d'un drapier, le Bœuf qui, rue Saint-Hilaire, servait d'enseigne à une auberge renommée, eussent pu tout aussi justement orner l'étal d'un boucher; la Croix d'Or et le Lion d'Argent n'étaient point des enseignes d'orfèvres; jamais l'Epée ne désigna à Sens la maison d'un armurier, la Cloche celle d'un fondeur, le Bachot, la Nef ou la Galère celle d'un marinier.

C'est donc presque uniquement la fantaisie qui préside au choix des enseignes. Le marchand se borne parfois à accrocher à la potence de sa boutique un objet quelconque, hache, roue, clochette, croix de fer, pinte ou plat d'étain, mais le plus souvent l'enseigne est occasion au caprice des peintres ou des sculpteurs de se donner libre carrière. Leur imagination s'y amuse à façonner des monstres, salamandres, licornes ou griffons, dont l'aspect bizarre retiendra l'attention des passants, ou des animaux peu connus du populaire, lions, ours, aigles et singes. S'ils se rabattent sur les animaux domestiques, ils les parent de robes hétéroclites, habillent un cheval de rouge et de vert un âne. Comme les portails des cathédrales, la rue devient, grâce à eux, une galerie d'histoire sainte : on y voit chacun des apôtres avec ses attributs particuliers, Saint Michel terrassant le Dragon, Saint Martin partageant son manteau, et la Madeleine éplorée. Le peintre d'enseignes puise encore son inspiration dans l'histoire ancienne (le Labyrinthe) ou dans les romans de chevalerie (les Quatre fils Aymon). S'inspirant de la science du blason, il aime aussi à faire de l'enseigne une sorte d'écu, où il pose, selon les règles héraldiques, trois pièces honorables : 3 bourses, 3 écus, 3 croissants, 3 étriers, 3 pigeons, 2 barbeaux. Parfois, enfin, il essaie de piquer la curiosité par un rébus (le Bout du Monde).

L'enseigne n'était donc pas la marque distinctive du commerçant. Elle constituait bien plutôt la personnalité des maisons, le moyen de les désigner et de les reconnaître. C'est dans ce but d'une désignation précise que beaucoup d'entre elles, privées d'enseignes, étaient néanmoins dotées d'une appellation spéciale, tirée d'un ornement ou d'une particularité de leur construction. Il y avait, à Sens, la maison des Quatre-Marches, celle des Degrés, celle de l'Huis-de-Fer, celle du Puits-Parti. Ainsi s'explique aussi que certains propriétaires faisaient sculpter, au-dessus de leur porte, des sortes d'armoiries parlantes : un notaire de la rue Couverte, Jean Chapperon, fit représenter un chapperon sur la sienne et, dans la Parcheminerie, les deux maisons décorées d'un coq et d'une hure appartenaient aux Lecoq et aux Lahure.

L'enseigne consistait tantôt dans un motif sculpté, tantôt, et le plus souvent, dans un tableau appliqué au mur ou suspendu à une longue tige de fer ouvragée, dont les règlements de police durent à plusieurs reprises réduire les dimensions exagérées. D'autres fois, l'enseigne n'était autre chose que l'objet dont elle prenait le nom, une hache, un pot d'étain, une croix de fer. La preuve en est que les deux enseignes de la Hache et de la Pinte sont désignées à la fois dans les censiers, l'une sous le nom de la Hache ou de la Cognée, l'autre sous celui de la Pinte ou du Pot-d'Etain. Il n'y avait donc pas d'inscription, dans ces sortes d'enseignes, pour fixer le vrai terme de l'appellation. Cette absence d'inscription, au moins jusqu'au XVIIe siècle, explique aussi pourquoi le sujet des enseignes est toujours une chose concrète; les abstractions, à moins qu'elles ne soient figurées par un rébus, y sont rares et, pour la période antérieure au XIVe siècle nous n'avons relevé qu'une enseigne de ce genre : les Porcherons.

2. — LA PORTE D'YONNE

La porte d'Yonne, d'où partaient les routes du Gâtinais et d'Orléans, tirait son nom du voisinage de la rivière.

C'était un « gros corps de maçonnerie [carré], basti de pierres de taille, sans aucun ornement ». Au-dessus de la voûte d'entrée, une salle, où se tenaient ordinairement les gardes de la porte, fut, au XVIIIe siècle, affectée aux « démonstrations anatomiques » et aux autopsies pratiquées par les chirurgiens; un acte de janvier 1713, passé devant Legris, leur en reconnut officiellement la jouissance (1).

C'est par la porte d'Yonne que, le 15 mars 1564, Charles IX fit son entrée solennelle à Sens, accompagné de la reine-mère, du cardinal de Bourbon, du prince de Condé, du cardinal de Guise, du connétable de Montmorency, du maréchal de Bourdillon et d'autres grands seigneurs. Sous la voûte, Robert Hémard adressa au Roi une harangue en lui présentant les clefs de la ville.

Le bailli de Sens, à la tête des nobles du pays, portant la dague et l'épée, ouvrait le cortège. Auprès du Roi et de sa suite, « vingt-six petits garçons de douze à treize ans, accoutrés de petites collerettes de bleu turquois, passementées d'incarnat et de blanc, les manches pendantes, coiffés et chaussés de taffetas bleu », ne cessaient de crier « Vive le Roy! ». Les lieutenant, conseillers et gens du Roi au présidial, coiffés de chaperons fourrés, suivaient, « montés sur des mules houssées », devant les officiers de l'élection, le grenetier au grenier à sel, les receveurs des tailles et des aides, qui marchaient à pied. Venaient ensuite les avocats anciens, procureurs et notaires, à cheval et en robe longue, puis les jeunes avocats et procureurs, à pied, « vestes et collerettes en velours, satin taffetas ou soie », coiffés du bonnet rond à plume blanche et chaussés de noir. Les corps de métier, répartis en trois compagnies ayant chacune leurs fifres et tambourins, terminaient le défilé : bouchers, corroyeurs, cordonniers, chaussetiers, tailleurs et tanneurs, habillés de rouge; maçons, couvreurs, tailleurs de pierre et charpentiers, vêtus de brun; maréchaux, taillandiers, serruriers, armuriers, menuisiers, charrons, vitriers, peintres, fondeurs, selliers, potiers d'étain, mégissiers et tisserands, portant les chausses et la collerette jaunes.

<hr>

(1) Arch. Yonne, F 34, p. 107. Voy. aussi *Recherches historiques et anecdotiques sur la ville de Sens*, recueillies et rédigées par Théodore Tarbé, p. 174.

Sur tout le passage du cortège, la Grande-Rue était décorée et des torches brûlaient aux fenêtres des maisons. Les échevins avaient ordonné que les étaux, auvents et enseignes fussent retirés ou relevés. De place en place, des arcs de triomphe avaient été dressés par les soins du peintre Jean Cousin le jeune. Le Roi s'arrêta au Carrouge, où des vers de l'avocat Lescheneau lui furent récités, puis il gagna son logis — sans doute le palais de l'archevêque — au milieu des salves d'artillerie, des acclamations du peuple et des sonneries des cloches de toutes les églises (1).

3. — DE LA PORTE D'YONNE A LA TRINITÉ

La partie de la Grande-Rue la plus voisine du port était, par excellence, le quartier des hôtelleries et des auberges. Dès l'entrée à gauche, l'auberge de *Saint-Laurent* s'accotait, au xviie siècle, à la porte d'Yonne et aux remparts (2). Une ruelle étroite, qui conduisait à la grosse Tour et servait de limite aux paroisses de Saint-Maurice et de Saint-Maximin, la séparait de la maison voisine où pendait pour enseigne, vers 1680, l'*Image de Saint-Michel* (3) (n° 3). A la même époque, attenant à 'a boulangerie actuelle de la *Gerbe d'Or couronnée* (n° 5), le vieux logis de bois, aux traverses apparentes, qui porte aujourd'hui le n° 7, abritait les bureaux des maîtres des coches d'eau de Sens, Pierre Dufeu et François Fauconnier (4).

Le bureau des coches marquait de ce côté la fin de la censive du Roi (5). La maison suivante (n° 9), que possédèrent, au xviie siècle, l'auteur du « Jardin Sénonais », le chirurgien et botaniste Thomas Montsainct (6), et cent

(1) Voir la relation de l'entrée de Charles IX à Sens, publiée par M. Monceaux dans le *Bulletin de la Société des Sciences... de l'Yonne,* année 1882 (t. XXXVI), pp. 334-360.

(2) Arch. nation., Q 1645 : « Maison où pend pour enseigne l'image Saint-Laurent, proche la porte d'Yonne, entre les murs de la ville et la ruelle qui conduit à la grosse tour, cy-devant à Claude Malherbe » (année 1649).

(3) Arch. Yonne, H 357, n° 4, fol. 4 v°.

(4) *Ibid.,* H. 357, n° 4, fol. 4 v° ; H. 358, fol. 46.

(5) *Ibid.,* H 361, fol. 27 v°, n° 193.

(6) « *Le Jardin sénonais, cultivé naturellement, d'environ six cents*

soixante ans plus tard, le notaire Bellaguet (1), relevait en effet de la censive des abbés de Saint-Rémy.

A l'enseigne de la *Trinité*, la maison suivante (n° 11) avait été, au xvi° siècle, l'une des hôtelleries les plus fréquentées des mariniers et des postillons. Successivement Edme Crou en 1556, Nicolas Baltazard en 1564, Pierre Dutour en 1587, présidèrent à ses destinées. Un siècle après eux, la maison de la Trinité, d'où l'hôtellerie avait disparu, mais dont l'appellation s'était conservée, appartenait à Pierre Dufeu et, en 1780, la veuve de Jean Toison, dit la Violette, en passait reconnaissance aux successeurs des abbés de Saint-Rémy, les Pères de la mission de Versailles (3). Les bâtiments de la Trinité, qu'un passage étroit séparait de ses anciennes dépendances passées aux mains du notaire Bellaguet, avaient alors une largeur de 45 pieds sur la rue et, par derrière, une cour s'étendait jusqu'à la place de la Grosse-Tour.

4. — LA MAISON DES DEUX-BARBEAUX

En 1441, messire Pierre Tribolé, chanoine à l'autel Saint-Pierre en la cathédrale, abandonnait à un pêcheur, Colin Gentelles, « une place avec jardin, accin et pourprise, en laquelle souloit avoir maison, séant près de la porte d'Yonne, en la paroisse de Saint-Mesmin, tenant d'une part, du cousté devers la porte d'Yonne, à une allée; d'autre part, du cousté de devers l'église des Jacobins de Sens, à la maison et jardin de la vefve feu Colin Pesnot; par derrière, aux jardins de la Grosse-Tour du Roy nostre Sire ». Le preneur devait servir à Pierre Tribolé une rente annuelle de vingt sous tournois et édifier, sur l'emplacement à lui

plantes diverses qui croissent à moins d'une lieue de la ville et cité de Sens. Dédié à M. de Provenchères, conseiller et médecin du Roy. A Sens, chez Georges Niverd, imprimeur devant la Prévosté, 1604. »

(1) Arch. Yonne, H 357, n° 4, fol. 4 v°.

(2) Les droits de cens des abbés de Saint-Rémy sur ces maisons leur furent, il est vrai, contestés par les Célestins. (Arch. Yonne, H 533.)

(3) Arch. Yonne, H 362, fol. 73.

concédé, une maison « de maçonnerie et charpenterie, bonne et souffisante » (1).

Au lieu d'une, il en bâtit deux qui, au XVIIᵉ siècle, étaient encore connues sous le nom de logis des *Deux-Barbeaux*, sans doute parce que Colin Gentelles avait fait sculpter, au poteau cornier, les poissons qu'il prenait dans ses filets. Pierre Dauphigny possédait les Barbeaux en 1548 (2). Après lui, ils passèrent au conseiller au bailliage, Pierre Maslard, et c'est à la mort de ce dernier que la maison fut partagée entre ses deux fils, l'un héritant des dépendances, vers la porte d'Yonne (n° 13), l'autre de la maison même, sise à l'angle de la rue de la Grosse-Tour (n°ˢ 15 et 17). Cette maison, dont le pignon pointu a bravé les ans, fut elle-même divisée, dès 1612; elle abritait comme aujourd'hui, sous un même toit, deux logis distincts : l'un appartenait à Claude Laloy, avocat au bailliage d'Auxerre; l'autre, à Henri Demouchy, procureur au bailliage de Sens, qui avaient épousé l'un et l'autre une petite fille de Pierre Maslard (3). En 1693, le n° 15 était aux mains du marchand Pierre Dubecq et, faisant hache sur la rue de la Grosse-Tour, englobait la boutique d'angle (n° 17) où Jacques Leroy, fils du notaire Jean Leroy et neveu du commissaire des tailles en l'élection de Sens, Macé Leroy, avait, délaissant l'étude paternelle, tenté la chance du commerce et fondé un magasin de draperie (4).

Jusqu'à la Révolution, les religieux de Sainte-Colombe perçurent la rente constituée par Colin Gentelles sur l'emplacement de la maison des Barbeaux, en vertu du testament de Pierre Tribolé, qui la leur avait léguée.

C'est dans une des maisons comprises entre la porte d'Yonne et les Barbeaux, sans que nous puissions préciser laquelle, qu'à la fin du XVIIIᵉ siècle, le mardi de chaque se-

(1) Arch. Yonne, H 144.

(2) *Ibid.* Reconnaissance pour la maison dite des *Deux-Barbeaux* « tenant d'un long à une ruelle allant à la Grosse-Tour et bordeau de ladicte ville de Sens, d'autre long à maistre Thomas Thubert et autres héritiers de feu Colas Pesnot, d'un bout par derrière à Jean Tenelle et par devant à la Grant-Rue ».

(3) Arch. Yonne, H 144.

(4) *Ibid.*, H 358, fol. 36 v°.

maine, les carrosses de Dijon et de Tonnerre faisaient étape
à la *Belle-Alliance* (1).

5. — SAINT-CHRISTOPHE ET LE CHAPEAU-ROUGE

Les maréchaux-ferrants étaient, autrefois, installés de
préférence non loin des portes des villes, où les voyageurs,
dès leur arrivée ou à leur passage, pouvaient réclamer leurs
services. Le maréchal Baptiste Cordelier occupait vers 1620,
à l'angle oriental de la rue du Bailliage, sur l'emplacement
du n° 4 actuel, une forge sans doute plusieurs fois séculaire. C'est là, en effet, que devait être installé, en 1495, le
maréchal Jean Brocheton (2) et, cinquante ans plus tard,
Jean Guérin, qui payait au Roi vingt deniers de cens pour
un « travail » situé dans la rue, devant sa maison (3). En
1681, la vieille forge avait disparu, remplacée par la boutique des héritiers de Baptiste Cordelier, Pierre-Gaspard
Picard et Guillaume André, tailleurs d'habits (4).

A côté d'eux, l'image *Saint-Christophe* pendait au-dessus
de l'éventaire, large de 9 pieds, du pâtissier Etienne Egreville (5). Puis venaient l'atelier du taillandier Edme Montillot (6) et, jusqu'à la petite Juiverie, les devantures allé-
chantes des rôtisseurs Robiché et Baptiste Guérin (7). Un

(1) *Almanach de Sens*, années 1771 et 1772.
(2) « Jean Brocheton, mareschal, demourant à la porte d'Yonne »
(année 1495). Arch. Yonne, G 1142.
(3) Arch. nat., Q 1645, f° 22 v° (année 1552).
(4) « La maison possédée par Picart, maître tailleur d'habits, et
Guillaume André, marchand, à cause de leurs femmes héritières de
deffunct Baptiste Cordelier, leur ayeul, vivant mareschal, qui fait le
coing de la rue dite des Francs-Bourgeois, autrement du Plat-d'Etain,
pour aller au siège royal du bailliage de Sens, d'un long, d'autre long
à la maison où pend pour enseigne l'image *Saiant-Christophe* qui estoit à feu Lauvergnat. » (Déclaration au Roi de 1680.) Arch. Yonne,
H 358, n° 3 fol. 1 v°; H 358, fol. 45. La maison appartint ensuite au
perruquier Blaise Senevé, puis, en 1777, au brasseur Jean Breuillard
(H 362, fol. 1).
(5) Arch. Yonne, H. 357, n° 3, f° 2; H 358, f° 30.
(6) *Ibid.*, H 357 et H 358, f° 49.
(7) *Ibid.*, H 357 et H 358, f° 54. En 1687, les maisons de Robiché et
Guérin appartenaient respectivement à Philippe Gaignon, greffier en
la maréchaussée de Sens, et à Pierre-Baptiste Carré, procureur au bailliage.

siècle plus tard, ces cinq maisonnettes ne faisaient plus que deux maisons : l'une, comprenant les anciennes rôtisseries, était habitée par le garde-port, Pierre Epoigny (1); l'autre, aujourd'hui l'*Hôtel de la Marine*, par Jacques Romestain, qui avait changé l'enseigne de Saint-Christophe pour celle du *Chapeau-Rouge* (2). C'est au Chapeau-Rouge, chez Sergent, que s'arrêtait en l'an V la « nouvelle diligence de Paris à Chalon-sur-Saône par Melun, Montereau, Sens, Auxerre, Avallon et Autun » (3).

Tarbé rapporte qu'il y avait au faubourg d'Yonne, en face l'hôtellerie de la Girafe qui existait encore de son temps, une hôtellerie dite du Chapeau-Rouge, très réputée parce que, d'après la tradition, Saint Fort, Saint Guinefort et Sainte Aveline auraient logé dans la maison qui s'élevait sur son emplacement. Il est fâcheux que Tarbé ne cite point ses sources, car nous supposons que cette hôtellerie du Chapeau-Rouge, qu'il place au faubourg d'Yonne, est celle que Jacques Romestain tenait dans la Grande-Rue. La paroisse de Saint-Maurice, où les reliques de Saint Fort et de Saint Guinefort étaient conservées, s'étendait en effet au delà de l'île d'Yonne, sur une petite partie de la ville. Mais, alors qu'elle s'arrêtait, du côté gauche de la Grande-Rue, à l'auberge de Saint-Michel, elle se prolongeait, de l'autre côté, jusqu'à la petite Juiverie, englobant le Chapeau-Rouge et s'enfonçant comme un coin dans la paroisse Saint-Maximin. Cette délimitation si anormale nous semble avoir été motivée par ce fait que la tradition populaire plaçait le séjour des saints vénérés à Saint-Maurice dans la maison de la Grande-Rue.

6. — LA NEF OU LE GRIFFON

L'élargissement de la rue de la Grosse-Tour a fait disparaître, en partie, la maison que M. Garsement, conseiller

---

(1) Arch. Yonne, H 362, f° 29 ; H 360, n° 1, § 2.
(2) *Ibid.*, H 362, f° 27 ; H 360, n° 1, § 4.
(3) *Almanach de Sens* (an V).
(4) TARBÉ (Théod.), *Recherches historiques et anecdotiques sur la ville de Sens* (édit. in-4°), p. 116.

au bailliage, possédait au XVIIe siècle, à l'angle de la Grande-Rue, en face la boutique de Jacques Leroy (1). Louée à un marchand, Jean Bouvier, elle échut au gendre (2) de M. Garsement, Blaise-Louis Relée de Chenouteau, l'auteur de la *Conférence de la Coutume de Sens*, qui la vendit, le 13 mars 1759, par contrat passé devant Bellaguet, à Philippe Levieux, marchand voiturier par eau (3).

Trois maisons (n°s 21 à 25), habitées par de petits commerçants (4), la séparaient d'une hôtellerie très réputée, dont l'enseigne changea plusieurs fois au cours des siècles et dont la vaste cour, qui avait issue sur la rue de la Grosse-Tour, se reconnaît encore dans les jardins de la maison portant le n° 27. En 1302, Félix de Chantemerle la possédait (5). Du temps de sa veuve, c'était déjà la maison de la

(1) Arch. Yonne, H 358, fol. 75. « Honorable homme Jehan Bouvier, marchand, aux lieu et place de M. Garsement, conseiller au présidial de Sens », reconnaît posséder une maison « Grande Rue, parroisse Saint-Maximin, faisant l'un des coings allant à la Grosse-Tour, tenant d'un long à Guill. Accault, boulanger, d'autre long au coin de ladite rue allant à la Grosse-Tour, d'un bout par derrière à l'hostellerye du *Griffon* et d'autre bout par devant à la Grande-Rue » (année 1687).

(2) Il avait épousé Marie-Anne Garsement. Voy. Arch. Yonne, H 362, f° 75.

(3) Arch. Yonne, H 362, f° 75 ; E 305.

(4) Voici ce que nous savons de ces trois maisons. En 1686, la première (aujourd'hui n° 21) est habitée par le boulanger Guill. Accault (H 358, f° 37 v°) qui y avait pour successeur, en 1780, le boulanger Antoine Benoist (H 362, f° 77). — Etienne Prunay reconnaît posséder, en 1686, la seconde (n° 23) « tenant d'un long à Etienne Devaux, d'autre long à Guill. Accault, d'un bout par derrière à la veufve Joachim Camart, hostesse du *Griffon*, de laquelle maison estoit cy-devant détempteur noble homme Me Hierosme Montmirel [Maulpirey], conseiller au présidial de Sens, en laquelle il est entré par auctorité de justice, comme créancier de deffunct Jean Bourgeon, marchand à Sens » (H 358, f° 38). En 1780, cette maison était possédée par Roch-Louis Marion, cordier, dont le père, Claude Marion, l'avait acquise de Jean-Claude Richard, curé de Cornant, Louise Cormier, veuve J.-Fr. Bollogne, et Jacques Cormier, procureur, héritiers de Geneviève Cormier, veuve d'Etienne Prunay (H 362, f° 79). — Enfin Etienne Devaux, marinier, reconnaît tenir, en 1686, la troisième maison (n° 25), « tenant d'un long à la veufve Joachim Camart, hostesse du *Griffon*, d'autre long à Estienne Prunay » (H 358, f° 38). En 1780, cette maison est possédée par Pierre Allais, couvreur, fils de Pierre Allais et de Catherine Devaux (H 362, fol. 81).

(5) Arch. Yonne, H 306, fol. 32. « Felisius de Chantemelle, XI d. pro domo que fuit Guillermi lou Put. » En marge, d'une écriture du XVe siècle : « Girart d'Osten tenet ; c'est la maison de la *Nef*. »

Nef et elle portait toujours ce nom en 1450, alors qu'elle était aux mains de Collas Pesnot (1). Elle fut ruinée au xv° siècle et avec elle disparut la nef qu'un peintre avait figurée sur l'enseigne ou qui peut-être se balançait réellement devant le logis, munie de ses agrès, chef-d'œuvre de maîtrise de quelque charpentier de bateaux.

Une statuette de la Vierge, qui décorait la façade de la nouvelle maison, servit à son nouveau baptême. Ce fut, pendant un siècle, l'hôtellerie de *l'Image Notre-Dame*. En 1596, l'enseigne du *Griffon* apparaît et, de cette date jusqu'au début du xviii° siècle, on en connaît les hôteliers successifs : Claude Baron (1596-1628), Robert Rousseau (1655), Robert et Joachim Camard, puis la veuve de ce dernier (2). A la veille de la Révolution, en 1780, le propriétaire de l'ancienne hôtellerie se trouvait être Jean-Jacques Fauconnier, « peintre, élève de l'Académie royale de peinture et de sculpture » (3), sans doute descendant de l'ancien maître des coches.

7. — LA MAISON DE JACQUES D'ABLEIGES, OU LE GRAND-GODET

A côté du Griffon, le *Grand-Godet* promettait large rasade à ses clients. Par un caprice des choses, la maison du Grand-Godet était, il y a quelques années, celle du *Petit-Tonneau*. Avant qu'elle ne reçût sa première appellation, la maison avait appartenu aux Courson, aux Moreau, puis aux Blanche, desquels Jacques d'Ableiges l'acquit en 1433 (4). Clerc du

(1) Arch. Yonne, H 308, fol. 9 v°.

(2) « Item, un grand corps de logis et aultres bastiments, tant aevant que derrière, possédez par honnorable homme Joachim Camart, marchant hostelier. appellé antiennement la *Court-de-la-Nef*, et pendoit pour enseigne l'imäge de *Nostre-Dame*, et à présent le *Griffon*, ayant par le devant une grande porte cochère en la Grande-Rue, parroisse Saint-Maxemin, tenant d'un long aux héritiers du sieur Jean Hermier, d'autre au sieur Jean Bourjon et à présent sa vefve, d'un bout par derrière à une ruelle allant à la Grosse-Tour, et d'autre bout par devant à la Grande-Rue et pavey royal, chargez de seize deniers, t. de censive. » (Déclarat. au Roi de 1681.) Arch. départ., H 357, n° 3, f° 6; H 358, f° 39.

(3) Arch. départ., H 362, f° 83.

(4) Arch. Yonne, H 307, fol. 18. « Les hoirs Guillaume Blanche, pour sa maison ou granche séant en la Grant-Rue, qui fut Jehan de

bailliage de Sens et notaire en la cour ecclésiastique (1), Jacques d'Ableiges devait être un puits de science juridique,
s'il avait été élevé à l'école de son oncle, le fameux Jacques
d'Ableiges, qui fut successivement secrétaire du duc de
Berry, examinateur au Châtelet, bailli de Chartres, de Saint-
Denis en France, d'Evreux, et compila les quatre livres du
Grand Coutumier (2). Nous ignorons quelles raisons avaient

fixé à Sens le neveu du fameux juris-
consulte, où il était établi dès 1420
et où il vivait encore en 1451 (3).

Il ne paraît pas du moins avoir eu
de descendance à Sens, sinon peut-
être un fils, Guillaume, qu'on trouve
religieux de Saint-Pierre-le-Vif en
1450 (4) et, un siècle après lui, c'étaient de petites gens, un boulanger, Langlois, et un pêcheur, Davaille, qui habitaient son
ancienne maison (5). Après eux, le Grand-Godet, passa à un
marchand, Nicolas Tisserant, puis à son gendre, Nicolas Hermier (6), dont le fils Jean le vendit 3.000 livres en 1672 au chi-

Corson, et depuis à Guillaume Moreau, et depuis à Thevenin Moreau
son fils, et dernièrement à Gilles Moreau son fils, tenant d'une part
à la maison de la Nef, qui est à présent à Savoré à cause de sa femme,
et d'autre part à la maison Estienne ... qui est aux hoirs du Debon-
naire, et par devant au pavé du Roy, 11 d. — Je Jaqe d'Ableiges,
ayant le droit de Jehan Blanche, héritier dudit feu Guillaume Blanche,
lequel m'a vendu icelle maison, confesse devoir ladicte censive. »
(Année 1433.) Voy. aussi H 308, fol. 9 v°.

(1) Arch. Yonne, H 297.

(2) Voy. Viollet, *Histoire du droit civil français*, p. 191.

(3) Un acte de 1420 est reçu par lui (H 297). En 1437, il est consulté
par le Chapitre au sujet d'un procès (G 768); en 1451, il passe un
acte (H 297).

(4) Arch. Yonne, H 308, fol. 20.

(5) « Jehan Langlois, bolanger, et Pierre Davaille, pescheur, demo-
rans en la Grande-Rue, parroisse Saint-Maxemain, pour leur maison
assize en ladicte Grande-Rue, qui fut à feu Nicolas Branche [voiturier
par eau], à l'enseigne du *Grand-Godet*, tenant d'un long à la vefve
Me Raoul Mareschaut, d'aultre à Jehan Tenelle, marchant, d'ung bout
audict Pierre Davaille et d'aultre au pavé royal, IIII d. p. » (Année 1541.) Arch. Yonne, H 309, f°ˢ 30 et 58; H 358, f° 11, col. 2.

(6) Arch. Yonne, H 357, n° 3, fol. 6 : « Maison... possédée par les
héritiers de deffunt Nicolas Hermier, et auparavant par feu Nicolas
Tixerant, marchant, assize en la Grant-Rue et parroisse Saint-Maxemin, tenant d'un long au logis du *Griffon*, d'autre long à la maison
du *Sauvage* apartenant aux héritiers de feu Edme Pierron. » Voy.
aussi G 1474 et *supra*, p. 13, note 2.

rurgien Savinien Michel (1). La « grande maison des Hermiers »
faisait partie de la censive de Saint-Rémy ; les maisons suivantes (n°ˢ 33 à 37), qui la séparaient du coin du Sauvage,
relevaient de celle des chanoines de Notre-Dame (2) ; elles
formaient primitivement une seule propriété que nous étudierons plus loin.

8. — LA COUR DE LA CLOCHE ET LE DAUPHIN

Les deux grandes cours, indiquées sur le plan de 1786,
qui s'ouvrent dans la Grande-Rue aux n°ˢ 20 et 30, s'appe-
laient autrefois, l'une la cour de la Cloche, l'autre la cour
Perdriat.

La première tirait son nom d'une maison qu'on trouve
ainsi appelée dès 1423 et sur laquelle se voyait encore, en
1780, « au-dessus de la fenêtre de la chambre haute, une
figure de cloche sculptée sur la poutre » (3). Au XVᵉ siècle,
dans la cour de la *Cloche*, s'élevait sur une motte un moulin
à vent (4). A cette époque, les maisons de ce quartier ne se
pressaient pas comme aujourd'hui l'une près de l'autre.
Chacune d'elles, au contraire, avait du large, s'entourait de
« pourpris » et de « courtils » et rien ne venait arrêter les
vents auxquels le moulin offrait ses ailes. Elles cessèrent
de tourner quand les constructions s'élevèrent autour de la
Cloche et le souvenir du moulin ne fut plus conservé que
dans l'enseigne d'une boutique voisine.

La maison de la Cloche, qui avait appartenu au XIVᵉ siècle
à Huguenin Rousselet, puis à Felisot Labbé (5), fut au

(1) Arch. Yonne, G 1481, fol. 29 ; G 1443, fol. 6 v° ; H 358, fol. 48 v° ;
H 362, fol. 87.

(2) *Ibid.*, H 361, n°ˢ 178-181.

(3) Arch. Yonne, H 362, fol. 31.

(4) *Ibid.*, H 358 (couverture du registre).

(5) « Les enfens Felisot Labbé, pour leur part des trois pars des
maisons et courtilz et de tout le pourpris scans en la Grant-Rue de
Sens, en la paroisse Saint-Maxymin, qui fut à Huguenin Roucelet, tenant d'une part à la maison et courtil de Girart des Hayes et
d'autre part à la maison et courtil de Jehan Galope, et par devant au
pavé du Roy et par derrière à la maison et héritaige de Jehan de Savigny. » (Année 1412.) En marge, d'une écriture de la fin du XVᵉ siècle :
« La maison de la Cloche. » (Arch. Yonne, H 307, fol. 16.)

siècle suivant l'objet d'un long procès entre le Chapitre et
Jean Epoigny, qui l'habitait avec son gendre Etienne Miatre.
Une rente de trois écus d'or sur la maison avait été vendue
vers 1440 par Pierre Chaceral à Louis Blanchet, seigneur de
la Queue-en-Brie, et à sa femme Marie Chanteprime. La
mère de celle-ci, Denise Chanteprime, femme de l'avocat
Louis Plote, en hérita, puis la légua à son cousin Antoine
d'Ostun, chanoine de Sens et curé de Saint-Hilaire. La cure
de Saint-Hilaire ayant été unie au Chapitre à la mort d'Antoine d'Ostun, les chanoines exigèrent le paiement de la
rente léguée par Denise à leur ancien collègue, mais se
heurtèrent à un refus des tenanciers. Le Chapitre gagna
sans doute son procès; car, en 1583, les hoirs de Gérard
Travers, alors propriétaires de la Cloche, lui payaient cette
rente (1).

La Cloche occupait à l'origine l'emplacement des maisons portant aujourd'hui les n°ˢ 18 et 22, reliées entre elles
par un portail surmonté d'une chambre haute qui couvrait
l'entrée de la cour (2). Au XVIIe siècle, ces bâtiments étaient
déjà divisés : d'un côté du passage, vers la porte d'Yonne,
une auberge était installée (n° 18), à laquelle Lupien Roussin attacha l'enseigne du *Dauphin* (3), et, de l'autre côté
(n° 22), habitait un charpentier de bateaux, Jean Vilain (4).
Le Dauphin n'eut qu'une existence éphémère : en 1780, un
tonnelier, Hubert Garnier, habitait l'ancien logis de Lupien
Roussin d'où l'enseigne avait disparu (5).

Du temps du Dauphin se succédaient, jusqu'à la Petite
Juiverie, la maison de Savinien Brulley, gendre et successeur du notaire Louis Benoist (n° 16), l'atelier du maréchal-
ferrant Pierre Berthelot, dont la forge avait remplacé la
rôtisserie de Michel Guérin (n° 14) et, à l'angle de la Petite

(1) Arch. Yonne, G 1083, G 1359.
(2) Cependant la maison où l'on voyait la cloche sculptée sur une
poutre se trouvait, non sur la rue, mais dans la cour même, à gauche
en entrant. Voy. H 362, fol. 41.
(3) Arch. Yonne, H 358, fol. 29.
(4) *Ibid.*, H 357, n° 3, fol. 3.
(5) «Maison où étoit anciennement l'enseigne du *Dauphin,* ... ayant
24 pieds sur la Grande-Rue et 26 pieds au levant sur le passage, tenant d'un long, du levant, audit passage, du nord à la rue et du
midy à la cour de la Cloche. » (Arch. Yonne, H 362, fol. 39.)

Juiverie, la boutique de l'armurier Noël Desrats (n° 12), à qui sa femme, Anne Deroche, avait apporté le fonds de son père, le maître-armurier Jean Deroche. Juste en face l'étude Brulley, la rue était rétrécie par un puits.

9. — DU MOULIN-A-VENT A LA CROIX-D'OR

Entre la cour de la Cloche et la cour Perdriat, se serraient d'étroites boutiques qui changèrent maintes fois de tenanciers. A la maison qui porte aujourd'hui le n° 24 et fut, au milieu du XVII⁰ siècle, la propriété du Procureur du Roi en l'élection de Sens, M. Gratien des Soubins, l'enseigne du *Moulin-à-Vent* perpétua jusque vers 1550 le souvenir du moulin de la cour de la Cloche (2). Puis venaient la boutique (n° 26) du pâtissier Charlot et, à l'angle de la ruelle qui menait à la cour Perdriat, celle du coutelier Paul Juin, à laquelle était encore fixée en 1680 l'enseigne de *l'Etoile* (n° 28) (3). La cour Perdriat tirait cette appellation du nom de son ancien propriétaire. On lit en effet, dans un censier de l'abbaye de Saint-Rémy du XVI⁰ siècle, que Jacques Goyet payait deux deniers à cette époque « pour une maison assise devant le Sauvage, en la court de feu Jehan Perdriat » (4).

A l'angle opposé de la ruelle Perdriat, la maison n° 32 présente une saillie qui étrangle la rue et marque sa largeur ancienne. La poutre de bois apparente qui supporte le pre-

(1.) Arch. Yonne, H 357, n° 3, fol. 2 v°; H 358, fol. 29 v° et 30 v°; H 362, fol. 35 et 37.

(2) « Richard Flécher, à présent mary de la veufve M⁰ Gilles Berger, pour sa maison de la *Cloche*, tenant d'un long à Pierre Cler, d'aultre à la maison du *Moulin-à-Vent*. » (Année 1542.) H 309, f⁰ˢ 62 et 121. « Maison possédée par ledit feu sieur Gratien [des Soubins], conseiller, et à présent le sieur Gratien, procureur du Roy en l'élection de Sens, à laquelle maison pendoit antiennement l'enseigne du *Moulin-à-Vent*. » H 357, n° 3, f° 3; G 1457, p. 54.

(3) « Maison possédée par ledit Paul Joing, coustelier, où pend pour enseigne l'*Estoille*, au lieu de feu Paul Moullin, tenant d'un long à la maison cy-dessus [de Claude Charlot, maistre pâtissier], d'autre long à la cour Perdriat, d'un bout encore à la veufve Charlot, d'autre bout à la Grande-Rue. » H 357, n° 3, f° 3; H 358, f⁰ˢ 21, 22, 97.

(4) Arch. Yonne, H. 310.

mier étage de cette maison est sculptée et ornée à chacune de ses extrémités d'un cygne au col replié. L'artisan d'autrefois se doublait souvent d'un artiste, et nous verrions volontiers dans ces sculptures l'œuvre du dernier propriétaire de la maison avant la Révolution, le menuisier Pierre Michel (1). Il l'avait acquise, en 1743, d'Etienne Tribou, fils du marinier Toussaim Tribou, qui en 1686, en passait reconnaissance avec son beau-frère, Savinien Rousseau, pêcheur, comme héritier de son beau-père, le charcutier Louis Piat.

Avec la vieille maison de Pierre Michel contrastent les constructions neuves des deux maisons voisines (n°s 34 et 36). Sur leur emplacement s'élevaient la demeure de l'huissier Jean Chardon, attenant à la maison précédente (2), et l'hôtellerie de *Saint-Nicolas* qui prospérait encore à la fin du xviiie siècle (3). La maison de Jean Chardon avait appartenu, un siècle avant lui, à Edme-Simon Blondet, arquebusier, à qui elle était échue par son mariage avec la veuve de l'armurier Etienne Chastelain. Les armuriers affectionnaient ce coin de Sens. Contemporain d'Edme Blondet et de Noël Desrats, un fourbisseur d'épées, Eloi Brazin, était installé, en 1660, à l'angle de la Grande Juiverie (n° 38), à l'enseigne de la *Croix-d'Or* (4).

(1) Pierre Michel, menuisier, « étant aux droits d'Estienne Tribou et Marie-Anne Beaugrand sa femme, par contrat devant Jacques, notaire à Sens, le 26 mars 1743, et d'autres héritiers d'Henriette Piat, veuve Toussaint Tribou », reconnaît posséder, en 1780, une maison, paroisse Saint-Maximin, Grande-Rue, « sur laquelle rue ladite maison a 16 pieds ... tenant d'un long, du levant, au sieur Chardon, huissier, d'autre long, du couchant, à l'entrée de la Cour Perdriat, sur laquelle ladite maison a 34 pieds, d'un bout du septentrion à la Grande-Rue, du midy à la cour Perdriat ». H 362, f° 49 ; H 358, f° 31 v°.

(2) En 1780, Jean Chardon reconnaît posséder la maison voisine de celle de Pierre Michel, suivant la déclaration de Simon Blondet, devant Bollogne, le 11 janvier 1686. (H 362, f° 51.) A cette date, Simon Blondet, « arquebusier », possède ladite maison « tenant d'un long à Nicolas Hédiart, d'autre aux héritiers de feu Louis Piat ». (H 358, f° 23 v°.) Voy. aussi H 357, n° 2, f° 4.

(3) L'hôtellerie était possédée en 1780 par Joseph Bréhon, comme époux de Marie-Anne Régnier, fille de Marie Hédiart et d'Antoine Régnier, qui habitait, en face, la maison du Sauvage. (H 362, f° 53 et *infra*, p. 20.) Marie Hédiart était elle-même la fille du maître-maçon Nicolas Hédiart (H 358, f°s 22 et 27 v°), dont la maison ne comprenait qu'une moitié de la future hôtellerie de Saint-Nicolas ; la moitié orientale appartenant alors à Elie Camuzat, coutelier. (H 358, f°s 28 et 31.)

(4) Eloi Brazin eut pour successeurs dans cette maison le pâtissier

10. — LA MAISON DU SAUVAGE ET SES ABORDS

L'intersection de la Grande-Rue avec la Grande Juiverie était, au moyen âge, le *cuneus Judearia*, le coin de la Juiverie. A partir du XVI° siècle, ce fut le coin du Sauvage, du nom de la maison, qui en occupait l'angle Nord-Ouest.

Au début du XV° siècle, Etienne le Débonnère, tabellion de la prévôté, possédait là une grande maison (1) qui, avec ses dépendances, granges et étables, couvrait les immeubles portant actuellement les n°˙ 31 à 37. Cent ans plus tard, ce domaine, qui relevait en entier de la censive des chanoines de Notre-Dame, se trouvait fragmenté. Raoul Mareschault, procureur en cour d'église, passait reconnaissance en 1534 de la maison attenant au Grand-Godet (n°˙ 31 et 33), auquel elle fut réunie en partie (le n° 31) en 1672 (2); le boulanger Guillaume Diry habitait la suivante (n° 35) (3). A la maison d'angle (n° 37), l'enseigne du *Sauvage*, où était installé le pâtissier Didier Froye, avait remplacé celle de la *Souche* (4).

Didier Froye eut pour successeur au Sauvage Etienne Epoigny, dit Lynard (5), à la mort duquel la maison se

Edme Pleyard, puis le charpentier Jean Richard. (H 362, f° 57; H 358, f° 31; H 360, n° 1, 70.)

(1) « Les hoirs de feu Estienne le Débonnère, pour la maison qui fait le coing de la rue de la Juiverye en alant aux estuves et par devant au pavey royal en alant à la porte d'Yonne, IIII d. p.; item pour leur grant maison où ilz demeurent, tenant à la maison dessus dicte, VIII d. p.; item pour le jardin où soloit avoir granche, tenant aux maisons dessus dictes et à la rue de la Juiverye. » (Arch. départ., G 1442, année 1425.) Les censiers postérieurs des chanoines de Notre-Dame indiquent avec précision que ces maisons faisaient l'angle de la rue des Etuves et non de la Grande-Juiverie, dont le nom, en 1425, était donné à son prolongement qui n'avait pas encore reçu l'appellation spéciale de rue des Etuves.

(2) Arch. Yonne, G. 1443, f° 6 v° et *supra.*

(3) *Ibid.,* G 1443, f° 7 v°.

(4) *Ibid.,* G 1481, fol. 31.

(5) En 1573, Etienne Epoigny, dit Lynard, marchant, reconnaît posséder « une maison assise en la Grande-Rue, faisant le coing de la rue des Estuves d'en bas, paroisse Saint-Maximin, tenant d'un long et d'un bout au pavé royal, d'aultre long audit reconnoissant et aux héritiers de feu Loys Daiz et d'aultre par derrière aux héritiers de feu Diry, à

trouva partagée entre le chirurgien Jean Cothias, époux d'Etiennette Epoigny, et Pierre Epoigny, chirurgien comme son beau-frère. Par suite d'arrangements de famille, Pierre Epoigny rentra dans l'intégralité de la maison paternelle et, en 1600, il la vendait à Jacques Acault, entrepreneur de bâtiments. Le Sauvage passa ensuite, le 22 juin 1640, par contrat devant le notaire Benoist (1), à un riche marchand, Edme Pierron, qui fut maire de Sens en 1664. Entre le Grand-Godet et la maison Pierron, l'apothicaire Daniel Nagent avait alors son officine, dont la chambre haute était une dépendance du Sauvage (2).

Le conseiller au bailliage Jérôme Maulmirey, qui avait épousé Catherine Pierron, hérita, à la mort de son beau-père, de la maison du Sauvage. Il la vendit en 1671 à Pierre Laroche et à sa femme Claude Egreville, la fille du pâtissier de Saint-Christophe. Mais, Pierre Laroche ayant déguerpi de la maison sans l'avoir payée, elle fut rachetée en 1696 à la veuve de Maulmirey par Jean Aublet, procureur au bailliage. Quelques années après, en 1715, Aublet la baillait, moyennant 150 livres de rente, à un sellier, Antoine Régnier, dit la Rose (3), dont la bru l'habitait encore en 1780 (4).

11. — GONTHIER COL ET SON « HÉRITAGE ».

Un acte de 1446 mentionne « une place en laquelle soloit avoir haulte maison, en laquelle a ung puits party, séant

laquelle maison pend pour enseigne le *Saulvage* et laquelle maison a cy-devant apartenu à feu Didier Froye... » G 1443, fᵒ 72. En 1587, Pierre Epougny, fils de feu Estienne, reconnaît posséder « la moictyé d'une maison, bastiment et logis, aisance et appartenance dudit lieu..., l'aultre moyctié dudit lieu appartenant aux enfans mineurs de Mᵉ Jehan Cothias et de deffuncte Estiennette Espougny... et auquel lieu pend pour enseigne le *Saulvaige* ». G 1143, fᵒ 72 vᵒ. Voy. aussi, G 1443, fᵒˢ 13, 49 vᵒ, 67 ; G 1444, fᵒˢ 62, 72, 73.

   (1) Arch. Yonne, G 1474.

   (2) Vers 1660, Jean Hermier possède une maison [le Grand-Godet], « tenant d'un long par la boutique à Marguerite Gentet [veuve de Daniel Nagent apothicaire], et par la chambre haulte à Edme Pierron ». G 1481, fᵒ 28 vᵒ. Son successeur, le chirurgien Savinien Michel, possède, en 1686, la même maison « tenant d'un long à l'hostellerie du *Griffon*, d'autre long à l'hostellerie du *Sauvage* ». Arch. Yonne, H 358, fᵒ 48 vᵒ.

   (3) Arch. Yonne, G 1481, fᵒ 31.

   (4) *Ibid.*, H 361, nᵒ 178.

en la Grant Rue, paroisse Saincte-Colombe du Quarrouge, tenant d'un des longs à la rue des Estuves, de l'autre long et par derrière à la maison et héritaige de la vefve et héritiers feu maistre Gonthier Col » (1).

Fils de ce Pierre Col, bourgeois de Sens, dont la veuve, Isabeau, léguait en 1385 dix sous de rente aux religieux Célestins (2), Gonthier Col épousa vers 1390 l'héritière d'une riche famille de Sens, Marguerite Chacerat (3). Lui-même avait une fortune considérable qui lui permit de quitter sa ville natale et d'entrer à Paris au service du Roi. D'autres Sénonais, les d'Alement, les Voisines, les Maisières, les Oger, les Chanteprime, l'avaient précédé dans la grande ville; maîtres à la Chambre des Comptes et aux Requêtes de l'Hôtel ou conseillers au Parlement, tous sortaient, comme lui, de cette bourgeoisie laborieuse et instruite dans laquelle nos anciens Rois recrutèrent leurs conseillers et leurs légistes, c'est-à-dire les meilleurs artisans de leur fortune et leurs serviteurs les plus dévoués.

Devenu secrétaire du Roi, Gonthier Col fut chargé à plusieurs reprises d'ambassades auprès du pape Benoît XIII, du roi d'Angleterre Henri IV, des ducs de Berry et de Bretagne (4). Vers la fin de sa carrière, il était trésorier du Roi. C'était un des personnages les plus considérables de son temps, puisqu'aux noces de l'une de ses filles, célébrées à Paris avec une pompe extraordinaire, n'assistèrent pas moins de trois rois, de dix-sept ducs et comtes et de vingt-deux évêques (5). Une autre de ses filles, Catherine, entra

(1) Arch. Yonne, H 533.
(2) *Ibid.*, H 496 et H 499, n° 27.
(3) *Ibid.*, H 528.
(4) *Bulletin du Comité des travaux historiques*, année 1852, p. 73.
(5) « Mon cousin maistre Nicolas Col me fait maistre (*sic*) en escript, le IXe jour de juillet mil IIII^c soixante-et-onze, que maistre Jehan Col, son frère, estoit trespassé depuis (que) maistre Gontier Col, leur père, deulx ans depuys; et que son père avoit donné en mariage à sa sœur, qui esposa messire Charlles de Beaumoulin, quatre mille escuz d'or et cent livres de rente, et cy costa sa vesture et ces abillemens pour ces dictes noces, XXII cens et XI escuz d'or; et que la mère à Marguerite Sepifame, famme à présent de Jaquet Le Mercier dit du Mollin, ot en mariage douze cens escuz d'or et le chappiau d'or qui fut prisé quatre cens escuz d'or et la coiffe de perlez et la sainture d'or, et fut vestue très honnorablement. Et que il y avoit eu au nosses de sa

par son mariage dans la célèbre famille des Spifame, banquiers-changeurs d'origine italienne établis à Paris (1).

Le patrimoine de Gonthier Col à Sens était fort étendu. Outre la seigneurie de Paron et une censive sur plusieurs maisons de la ville, il possédait la grande maison de pierre des Degrés, que nous étudierons plus loin, et un vaste terrain qui, en bordure de la Grande-Rue, s'étendait, au-devant de cette maison, depuis la rue qui conduisait à la porte Saint-Didier jusqu'à la maison d'angle de la rue des Etuves.

Cette maison, qui avait appartenu au XIVe siècle à Jean de Grantcourt, fut baillée en 1452 à Pierre Dordely (2), aux descendants duquel elle resta pendant plus d'un siècle. A la veille de la Révolution, elle était fragmentée en deux maisons plus petites qu'occupaient respectivement, en partant de la rue des Etuves, les familles Baillet (n° 39) et Barré (n° 41) (3).

12. — LA LEVRIÈRE OU LA LEVRETTE

La maison suivante (n° 43) appartenait, aux XVe et XVIe siècles, aux Laurent. En 1490, Perrin Laurent, boucher, vendait moyennant 34 livres à Louis de Melun, grand archidiacre de Sens, les droits qu'il tenait sur elle de son père Thévenin (4) et, en 1535, l'un de ses neveux, Pierre Laurent, prieur claustral et prévôt de l'abbaye de Sainte-Colombe, abandonnait à son monastère une rente de 6 livres constituée sur le même immeuble (5). Au XVIIIe siècle, la maison

sœur et de messire Charlles *trois roys, XVII que ducz que comtes et XXII prélas* ». (Arch. Yonne, E 300, fol. 137 v°.) Cette Marguerite Spifame, dont il est ici question, est très probablement la fille de Jean Spifame et de Catherine Col.

(1) Quesvers et Stein, *Inscriptions de l'ancien diocèse de Sens*, II, p. 21.

(2) Arch. Yonne, H 533.

(3) Arch. Yonne, H 361, n°^{s} 177 et 176.

(4) « ... Maison près et attenant l'hostel de la *Levrette* d'une part, d'autre part à Jehan Dordely et à une ruelle qui va de ladicte Grande-Rue aux murs de la vile, par devant à la Grande-Rue et par derrière à l'héritaige des Esteufves », année 1490. (Arch. Yonne, H 144.)

(5) « ... Domu tenente ex una parte domui cui pendet pro intersignio *la Levriere* gallice, ex altera parte vico Stupharum inferiorum, ex

était aux mains de la famille Lequeux (1), dont un membre passait ses loisirs à taquiner la Muse. Mais ses productions, peut-être faciles, puisque sur une gageure il bâcla en trois heures un impromptu sur la naissance du Dauphin, sont médiocres et, pour employer son langage, ne suffiront pas à placer son nom au « temple de Mémoire » (2).

A côté de la maison des Laurent, sur l'emplacement de l'imposant immeuble actuel de la Banque de France, s'élevait, dès la fin du xv⁰ siècle, la fameuse hôtellerie de la *Levrière* ou de la *Levrette*. Une tradition veut que François Ier y soit descendu lors de son passage à Sens en 1539. La chose est possible; car, précisément à cette époque, l'archevêque était à Nice et ne pouvait faire au Roi les honneurs de son palais. L'auteur de la *Chronique du Roy François Ier* nous rapporte qu'après une visite à la cathédrale, le roi « s'en alla descendre à son logis qui luy avoit esté préparé en une grande rue, bien ample et magnificque ». Un bataillon, composé de marchands de Sens, défila ensuite devant la Levrette, « avec phiffres et tabourins, en très bonne ordre et telle que ledict seigneur se mist aux fenestres de son dict logis pour les veoir, et non sans cause, car il sembloit mieulx à les veoir marcher en ordre que se fussent gens de guerre que marchans et jamais n'avoir faict aultre mestier » (3). Et le lendemain, d'après notre chroniqueur, on amena à l'hôtellerie six chameaux, offerts à François Ier par un prince oriental.

S'il n'est pas certain que la Levrette ait eu pour hôte François Ier, du moins, au cours de ses trois siècles d'existence, bien des personnages notables en franchirent la porte, notamment le prévôt de Paris et le comte de Courtenay en

uno buto vico communi et altero dictis Stuphis. » Année 1535. (Arch. Yonne, H 144.)

(1) Arch. Yonne, H 361, n° 175.

(2) Voici l'indication de quelques-unes : *La Folie du premier Jour de l'An; Panégyrique en vers de Saint-Vincent-de-Paul; Feu d'artifice tiré par Georges, artificier de Paris, le 25 septembre 1729, et festin de ville en réjouissance de la naissance de Mgr le Dauphin*. Ces plaquettes sont conservées à la Bibliothèque d'Auxerre, *Recueil Tarbé*, V, pp. 183, 193 et 195.

(3) *Chronique du roy François Ier*, édit. Guiffrey, pp. 265-268.

1524 (1), le comte de Genève en 1527 (2), M. de Longueville, conseiller au Parlement de Paris, et le lieutenant général de Provins en 1582 (3), le cardinal de Lenoncourt et la duchesse de Nevers en 1584 (4).

L'un de ses derniers hôtes illustres fut sans doute l'ambassadeur ottoman Mehemet-Effendi, qui s'y arrêta, le 17 août 1721, à son retour de Paris. Le Maire alla le haranguer à l'hôtellerie et lui fit un présent « qui consistoit en confitures seiches, massepains et crocandes ». L'hôtelier, André Gaulcher dit Berry (5), avait reçu ordre de ne donner aux gens de la suite ni vin, ni liqueurs, ni viandes de porc. Mais il était avec la règle de Mahomet des accommodements; car les Turcs passèrent « moitié de la nuit dans le caffé et dans les cabarets, où ils se régalèrent de différentes manières; en cachette, ajoute naïvement la chronique, crainte de la bastonnade » (6).

En 1780, M. Garsement de Fontaine se trouvait, depuis au moins trente ans, propriétaire des bâtiments de la Levrette (7).

13. — LA RUELLE DES JACOBINS

A l'est de la Levrette, une ruelle, qui existe encore aujourd'hui entre les n°ˢ 49 et 51, s'enfonçait, perpendiculairement à la rue, jusqu'à une petite place située devant l'ancienne église des Jacobins (8). En 1467, le fils de Gontier Col, Nicolas, céda aux religieux la jouissance de cette ruelle (9). Mais elle leur fut bientôt contestée par la pro-

(1) Arch. Yonne, G 998.

(2) *Ibid.*, G 999.

(3) *Ibid.*, G 1011.

(4) *Ibid.*, G 1013.

(5) André Gaucher est encore qualifié « hôtelier de la Levrette » en 1740. (Arch. Yonne, G 1197.)

(6) Arch. Yonne, F 31, p. 229.

(7) Arch. nation., Q 1645; Arch. Yonne, H 361, n° 174.

(8) « Pierrette Thibault, veuve Guillemin Dufour, légua à ce couvent [des Jacobins] une maison, cour et jardin size dans la ruelle susditte, entre l'hostellerie de la Levrette et notre jardin... par son testament receu Cartaut, notaire à Sens, le 7 août 1508. » Arch. Yonne, H 582, p. 106.

(9) « Le sieur Nicolas Col donna à ce couvent la ruelle qui va de la cour de notre église à la rue de la Porte d'Yone, par acte receu Bejard, clerc tabellion, le 26 décembre 1467. » Arch. Yonne, H 582, p. 105.

priétaire d'une maison de l'allée qui fit faire une porte sur la rue et en interdit ainsi l'accès. Un arrêt du Parlement de Paris, du 8 mars 1470, ordonna à l'opposante de laisser le passage libre; puis, l'année suivante, les religieux transigèrent avec leur voisine et « convinrent que les deux portes de ladite ruelle seroient ouvertes depuis la messe conventuelle jusques après les complies; après lesquelles elles seroient exactement fermées; que les particuliers qui avoient des maisons dans ladite ruelle auroient une clef commune de la porte donnant sur la grande rue d'Yonne, mais que les religieux seuls auroient la clef de la porte intérieure donnant dans la cour de leur église » (1).

Au XVIe siècle, l'entrée de la ruelle des Jacobins était encore surmontée d'une bretauche. En architecture, le mot de bretauche ou de bretèche désigne un ouvrage défensif, percé de machicoulis et accroché au flanc d'un mur dont il défend les approches. Dans nos actes, il semble qu'on ait donné ce nom à toute construction élevée au-dessus d'un passage. Toutes les bretauches qui existaient à Sens commandaient en effet, sur la rue, l'entrée d'une grande cour intérieure ou d'une ruelle : telles la bretauche de la rue du Plat-d'Etain d'en haut, à l'entrée de la ruelle Gardembois; celles de la cour de la Cloche et de la cour de la Souche; celle de la rue Saint-Hilaire, au-dessus du passage qui conduisait à la maison des Quatre-Mares, et celle qui donna son nom à la rue de la Bertauche.

En 1530, la bretauche de l'allée des Jacobins appartenait au notaire Jean de Bourron, au nom de sa femme, Hélène Fortier. Son étude était à l'angle de la ruelle, à gauche en y entrant (2). A droite, était la maison du tanneur Etienne

____

(1) Arch. départ., H 582, p. 106. (Transaction passée devant Burat, notaire à Sens, le 28 avril 1471.) Voy. aussi Roy, *Le Couvent des Dominicains de Sens*, dans *Bull. de la Société archéologique de Sens*, XX (1903), p. 125.

(2) « Maistre Jehan de Borron, notaire royal à Sens, pour sa bertauche assise en la Grant-Rue, parroisse Saincte-Colombe, au-dessus de la ruelle qui va de ladicte Grant-Rue aux Jacobins, à cause de Heleine Fortier, sa femme, qui fut à Nicolas Fortier, père d'elle, tenant d'un long audit de Borron. à cause de sa maison tenant à ladicte bertauche, d'autre part à Estienne Duport. » (année 1535.) Arch. départ., E 299, f° 124. Voy. la reconnaissance de Nicolas Fortier, *ibid.*, f° 78 v°; E 296, f° 53 v°.

Duport (1). Après Duport, qui possédait aussi la maison suivante, elle passa à Denis Guillaume et à ses enfants (2), et, vers 1730, au notaire Loup Bougault (3).

14. — LA MANUFACTURE DE VELOURS D'UTRECHT

Revenons sur nos pas, de l'autre côté de la rue, au coin de la Juiverie, en face la Croix-d'Or. A l'angle sud-est du carrefour existait anciennement une grande maison, chargée de huit deniers de cens envers le Chapitre et de six deniers au profit de l'abbaye de Saint-Paul. Gilles Chevalier, clerc de l'officialité de Sens, l'acquit en 1286 de Barthélemy l'Ogrier (4). Dans la suite, elle se trouva divisée en deux parties : l'une, à l'angle de la Juiverie (n° 40), était occupée en 1630 par le marchand Etienne Guyon; l'autre (n° 42), par le coutelier Louis Martin (5); avant Martin, le conseiller au bailliage Daniel David en avait été propriétaire (6).

(1) « Estienne Duport, tanneur, pour sa maison où il demeure, assis audit Sens, tenant d'un long à la ruelle allant de la Grant-Rue aux Jacobins et par en hault à la bertauche estant sur icelle ruelle, appartenant à Nicolas Fortier, d'autre long audit Duport à cause de l'acquisition par luy faicte de Jehan Regnard, ayant droict de feu Maucourt, tonnelier. » (année 1531.) *Ibid.*, f° 78 et E 296, f° 52.

(2) Arch. Yonne, E 302, fol. 5 (année 1573).

(3) Michelle Thomas, veuve en secondes noces de Loup Bougault, reconnaît, en 1738, tenir dans la censive de Paroa, Grande-Rue, paroisse Sainte-Colombe, une maison « faisant le coing de la ruelle allant aux Jacobins et aiant une sortie par icelle, tenant d'un long d'orient au nommé Dreige, d'autre à la ruelle ». Arch. départ., E 305, f° 12 et 26 v°. En 1780, la maison appartenait au nommé Pourée. (H 361.)

(4) Arch. Yonne, H 480.

(5) « Les héritiers François Gentet et la veuve Nicolas Guillaume, au lieu d'Etienne Guyon, pour leur maison sise en la Grande-Rue, paroisse Sainte-Colombe, tenant d'un long du costé d'orient à Charles Fournier, comme ayant épousé Colombe Martin, d'autre, d'occident, à la rue de la Grande-Juifrie où elle fait coin, d'un bout, du costé du midy, au sieur Martin Morillon, d'autre bout, du costé du septentrion, à la Grande-Rue, censable envers MM. du Chapitre de Sens et envers le sieur abé de Saint-Paul conjoincteiment, .. suivant la reconnaissance d'Estienne Guyon par devant Pontey, le 1er aoust 1630 ... Charles Fournier et Edme Moisson, cy dessus nommez, pour leur maison en ladite Grande-Rue, tenant d'un long, du costé d'orient, aux héritiers Jean Martin, d'autre, d'occident, à la maison précédente ... suivant la reconnaissance de Louis Martin du 18 août 1631. » (Biblioth. de Sens, manuscr. 52, fol. 1.) En 1780, les deux maisons appartenaient respectivement à Brideron et à la veuve Baillet. (Arch. Yonne, H 361.)

(6) Arch. Yonne, H 479.

Tarbé rapporte (1) que dans la maison portant aujour-d'hui le n° 54 fut installée, vers 1760, une manufacture royale de velours d'Utrecht. La maison, avec sa façade de pierres de taille, sa porte dont les vantaux de bois massif s'ornent d'une tête sculptée en ronde bosse, a plutôt l'air de la demeure confortable d'un bourgeois cossu de l'ancien temps. Elle servit d'habitation à M. Maimbournel, le directeur de la manufacture (2), et peut-être celui-ci transporta-t-il la manufacture elle-même, primitivement installée à l'hôpital général (3), dans les dépendances de son logis qui avait une issue sur la rue du Grenier-à-Sel.

C'est M. Mégret, d'Etigny, seigneur de Theil près Sens, et intendant de Pau, qui avait essayé d'implanter à Sens cette industrie, et dans ce but, il avait acheté, vers 1760, la maison qui nous occupe. Son vendeur, Jean-Baptiste Leverd, « officier de Son Altesse royale la duchesse d'Orléans », la tenait de son père, Fiacre Leverd, commissionnaire en vins, qui l'avait acquise en 1699 d'un conseiller en l'élection de Troyes. Mais l'essai de M. Mégret ne réussit pas, la fabrication des velours d'Utrecht fut abandonnée à Sens et les hoirs de M. Mégret, par contrat du 9 février 1774, devant Bellaguet, vendirent la maison à Jacques-Louis Ducasse, docteur en médecine de l'Université de Montpellier. Elle passa ensuite à M. Philippe Libera, gendre de M. Ducasse, dont le fils la vendit à M. Barjot, son propriétaire actuel (4).

Au commencement du XVI° siècle, les curés de Sainte-Colombe avaient leur presbytère dans cette maison (5), qui relevait, ainsi que la suivante, de leur censive (6). Il fut transféré plus tard dans la rue de Lécrivain.

---

(1) TARBÉ, *op. cit.*, p. 54.
(2) Arch. Yonne, H 361, n° 30.
(3) *Almanach de Sens*, année 1761.
(4) M. Barjot a bien voulu nous communiquer, par l'intermédiaire du regretté M. Sépot, les titres de cette maison.
(5) Voy. *infra*, p. 29, n° 3.
(6) En 1760, M. Mainbournel avait pour voisins : à l'ouest (n° 52), un maître vitrier Claude-Etienne Orain ; à l'est (n° 56), la veuve André Coulange. (Arch. Yonne, H 361.)

15. — LA MAISON DU CROISSANT

Du même côté que la manufacture, deux maisons plus loin, attenant à l'église de Sainte-Colombe, la maison du *Croissant* occupait l'emplacement actuel du n° 60. Elle était possédée, au début du xvıᵉ siècle, par Nicolas Fortier, à qui sa femme Guyonne Buchotte l'avait apportée (1) et dont le patrimoine propre était situé, comme on l'a vu, presque en face, à l'angle de la ruelle des Jacobins. En 1615, Pierre Moreau, procureur au bailliage, Jean et Baltazar Moreau (2), passaient reconnaissance de l'ancienne maison du Croissant, qui était chargée de quatre deniers de cens au profit des seigneurs de Paron. En 1672, la maison appartenait à Hugues Ygot, héritier de Claude Moreau (3). Elle passa ensuite à un pâtissier, Alexandre Cherchedieu (4), dont les héritiers la possédaient encore au moment de la Révolution.

La maison située à l'ouest du Croissant (n° 58), dite autrefois la *Plâtrière*, relevait aussi de la censive de Paron et appartenait comme lui, au xvᵉ siècle, à la famille des Buchotte. Tandis que le Croissant passa par Guyonne Buchotte aux Fortier, la sœur de celle-ci apporta, par son mariage, l'autre maison aux Bruneau (5). Guillaume Dupuis, procureur en cour d'église, l'acheta à Claude Bruneau. Son gendre,

(1) « Les enfants mineurs d'ans de feu Nicolas Fortier et de Guionne Buchotte, en son vivant sa femme, à cause d'elle, pour leur maison assise à Sens, en la Grand-Rue de la porte d'Ionne, parroisse et tenant d'un long à Saincte-Colombe-du-Carroge, d'autre long à la maison Mᵉ Guillaume Dupuis, d'un bout par derrière à la grant court Compagnon et d'autre, par devant, au pavé royal, où pant l'enseigne du *Croissant*, IIII d. p. » (année 1535.) Arch. départ., E 299, f° 123 v°. Voy. aussi E 301, f° 5 v°; E 302, f° 4 v°.

(2) Arch. Yonne, E 296, f° 49; E 304, fol. 4 v° et 15

(3) *Ibid.*, E 296, f° 49 v°.

(4) *Ibid.*, H 361, n° 35; E 296, f° 48; E 305, f° 22 v°.

(5) « Maistre Guillaume Dupuis, procureur en court d'église, pour sa maison qu'il a acquise de Claude Bruneau, à luy venue à cause de ... Buchotte sa feue mère, en son vivant demeurant à Joigny, qui fut à feu Jehan Labbe, anciennement appelée la *Plastrière*, tenant d'un long aux hoirs Fortier et Guionne sa feue femme, d'autre aux hoirs feu Jehan Fenart, d'un bout par derrière à ladite grant court Compaignon et Josselin. » Arch. Yonne, E 299, f° 77 v°.

Marlin Coquin et, à la fin du XVIe siècle, le notaire Michel
Pontey (1) la possédèrent successivement. Un descendant de
ce dernier, Baptiste Pontey, la vendit le 27 août 1673, par
acte passé devant Brabant, à Simon de Bonnaire. Un siècle
après, en 1762, un fripier, Antoine Lhuissier, s'en rendait
acquéreur, et son fils, Michel-Cosme, la garda en sa possession jusqu'en 1837 (2).

Très anciennement, avant les Buchotte, les deux maisons,
qui ne faisaient alors qu'un logis, avaient appartenu à un
conseiller au bailliage, Nicolas Allory, à Magueronne la Plâtrière et à dame Gille de Sacy, la première de leurs posses-
seurs connus (3), qui vivait vraisemblablement au commencement du XIIIe siècle.

Le Croissant et la maison voisine avaient issue au midi
sur une grande cour dite cour Compagnon ou cour Josselin,
dont nous parlerons plus loin.

16. — L'ÉGLISE DE SAINTE-COLOMBE-DU-CARROUGE

L'église de Sainte-Colombe-du-Carrouge, aujourd'hui dis-
parue, avait son chevet à l'angle ouest de la Grande-Rue et
de la rue de Lécrivain. Elle s'étendait, en bordure de la
Grande-Rue, jusqu'à la maison du Croissant, dont elle
n'était séparée que par un passage étroit, couvrant l'emplacement des immeubles qui portent aujourd'hui les numéros 62, 64 et 66. Ses dimensions étaient donc très exi-
guës et l'on comprend qu'on lui ait donné parfois le surnom
de Sainte-Colombe-la-Petite, qui la distinguait aussi de la
grande église de l'abbaye bénédictine de Sainte-Colombe,
sise hors les murs.

(1) Arch. Yonne, E 296, f°s 50 à 52; E 299, f°s 77 v°, 123 v°; E 304,
f°s 3 et 13 v°.
(2) *Ibid.*, H 361, n° 32, et titres communiqués par M. Cloutier.
(3) « Jehan Labbe, pour sa maison qui fut dame Gille de Sacy et
depuis à la Comaille et depuis à Magueron La Plâtrière et depuis à
maistre Nicolas Aloury, tenant d'une part à la maison de l'esglise de
Sainte-Colombe du Carroge et d'aultre part à Perrin Fauvart et par
devant au pavé réal, VI d. p. » (année 1476.) Arch. Yonne, E 300,
f° 10.

Au début du XVe siècle, l'église ne comprenait qu'une nef, flanquée d'un clocher hors-œuvre dont nous déterminerons plus loin l'emplacement. Elle s'agrandit d'abord, vers 1434, d'une chapelle que fit bâtir Nicolas Alory, sur un terrain relevant de la censive de Saint-Rémy et attenant à l'église, au Sud (1). Une demi-siècle après, en 1487, André de la Haye, seigneur de Chaumot, receveur des aides et tailles de Sens, fit construire un bas-côté et transformer l'étage inférieur de la tour du clocher en une « belle chapelle », dite des Cinq-Plaies, à laquelle on accédait, du niveau de l'église, « par cinq ou six marches de pierres » (2).

Au-dessous de la tour se trouvait une crypte, dite « cave de Sainte-Colombe », où, d'après la légende, la patronne de l'église avait été emprisonnée (3). Il résulte des investigations de M. Perrin que cette crypte, aujourd'hui transformée

(1.) Arch. Yonne, H 258, fol. 32 v°. « Obligation de Me Pierre Dupuis, curé de Sainte-Colombe, pour le payement de 7 s. 6 d. de rente envers les vénérables abbé, religieux et couvent de Saint-Rémy, au lieu de 10 s. de rente qui leur estoit deub sur une place attenant ladicte église, ou *nouvellement a esté bastie une chappelle par feu Me Nicolas Alory*. » (Janvier 1434, v. st.) (Inventaire de Leriche.)

(2.) Bibliothèque de Sens, manusc. 65, p. 307.

(3.) « Il y a dans le fond de la nef de l'église, écrit Rousseau, au bas-côté droit, un lieu souterrain, où on descend par 18 ou 19 degrez... Il y a dans ce souterrain un autel où on dit la messe On l'appelle cave de Sainte-Colombe, soit qu'on luy ait donné ce nom à cause que son image est sur ledit autel et qu'elle luy est dédiée ou dans son église, soit qu'on tienne pour véritable ce que dit la tradition que la Sainte y a esté emprisonnée dans un cachot; ce qui paroist assez vraysemblable, car il y a tout auprès une grosse et vieille maison, qui sert aujourd'hui de grenier à sel, qu'on dit avoir esté la prison de Sainte-Colombe... Il y a dans cette cave une fontaine d'une eau admirable. On ne dit point d'où elle vient, quand elle a esté faite, ny par qui, ny comment, mais elle a des effets merveilleux. » Les reliques de la patronne de l'église lui avaient été données en 1486 par l'abbé de Sainte-Colombe-la-Grande. Elles étaient conservées dans une châsse, qui existait encore du temps de Rousseau et dont il nous a laissé la description : « C'est une image de la sainte, dit-il, haulte d'un pied, qui tient sa coste en ses deux mains, dont elle fait comme une offrande à Dieu ou qu'elle présente à baiser aux peuples qui la viennent vénérer. Elle est d'argent doré, bien travaillé et digne vase d'une telle relique. » Sur le socle se lisait cette inscription en lettres gothiques : « Donné par noble home André de La Haye, recepveur des aydes et tailles de Sens, la vigille de S. André l'an mil IIII c IIII xx et six. » La châsse était fixée à l'un des deux piliers de l'entrée du chœur et, de l'autre côté, au mur, l'image de Saint André lui faisant pendant. (Bibliot. de Sens, manusc. 65, p. 305, sqq.)

en fosse d'aisance, « est située sous une petite cour carrelée qui occupe le fond de l'immeuble portant le n° 60 de la Grande-Rue » (1). Le clocher, de forme carrée, bâti au-dessus de cette crypte, s'élevait donc à l'ouest de l'église. Comme Rousseau nous dit que la crypte se trouvait à l'extrémité du bas-côté droit, il s'en suit que, primitivement, la tour était hors-œuvre, accolée au mur méridional de l'extrémité ouest de la nef. Ainsi l'œuvre d'André de La Haye consista à relier le clocher aux chapelles de Nicolas Alory et de Pierre Voisin, ouvertes sans doute, l'une au sud du chœur, et l'autre au sud de la nef, par un collatéral qui augmenta notablement la superficie devenue insuffisante de l'église primitive.

En 1721, le menuisier Grégoire Montillot réparait les bancs du chœur et le maçon Etienne Perrin renouvelait en entier le dallage (2). C'était presque parer une morte; car la vieille église menaçait ruine. Le danger devint bientôt si pressant qu'on dut cesser en 1726 la célébration des offices dans le chœur et transférer le service dans la chapelle du clocher (3); en 1729, les paroissiens réclamaient la démolition de leur église (4). A la fin de l'année, il ne restait plus debout que la tour et, le 28 juin 1730, le préchantre Yves Morice, vicaire général de Mgr de Chavigny, posait la première pierre du nouvel édifice (5).

Trois ans après, il était achevé et, dans le clocher, carillonnaient les cloches nouvelles qu'avait fondues un fondeur sénonais, Jean Capitain (6). Le curé Guichard, qui avait si rondement mené cette reconstruction, cherchant et recueillant les fonds et dirigeant les travaux, paraît avoir été un homme habile. « Le rendant, lit-on dans un compte de la fabrique de Sainte-Colombe, n'a pas fait estat en recette des

---

(1) PERRIN, *Découverte des restes de l'église Sainte-Colombe-du-Carrouge à Sens*, dans *Bull. de la Société archéologique*, XX (1903), p. 39.
(2) Arch. Yonne, G 2510.
(3) PERRIN, *op. cit.*, p. 49.
(4) Arch. Yonne, G 166.
(5) Arch. commun. de Sens, GG 11 à 15.
(6) Sur les Capitain, fondeurs de cloches à Sens, voy. PORÉE, *Cloches et fondeurs de cloches; Enquête campanaire dans l'Yonne*, dans *Bulletin archéologique*, année 1911.

rentes qui peuvent estre deues à la fabrique, attendu que c'est M. le Curé qui les a receues, et qui mérite les recevoir pour le bon usage qu'il en a toujours fait ». Et après avoir ainsi abdiqué ses attributions devant le curé, à une époque où pourtant chacun aimait à les faire valoir, le marguillier, François Gaulthier, célébrait la « belle décoration » de la nouvelle église et les « beaux ornements mis en icelle », et il terminait par cet éloge, un peu excessif, de son curé : « L'on peut assurer que sa mémoire sera toujours en vénération en cette paroisse et passera de siècle en siècle jusqu'à la fin du monde (1). »

Hélas ! l'œuvre de Nicolas Guichard ne devait pas même atteindre la fin du siècle. Un arrêté du département du 15 janvier 1791 (2) réduisit à une seule les quatorze paroisses de Sens et ne conserva, en dehors de la cathédrale transformée en église paroissiale, que trois succursales et un oratoire. Bientôt l'église de Sainte-Colombe était mise en vente comme bien national, à la réserve du mobilier qu'elle contenait. L'adjudicataire ne devait prendre aucun jour sur le jardin de l'ancien presbytère et était tenu en conséquence de murer les baies méridionales de l'église; il devait en outre laisser jouir le futur propriétaire du presbytère du passage pratiqué entre l'église et la maison Cherchedieu et, en cas de démolition, transporter au cimetière les ossements trouvés sous les dalles de la nef. Mise à prix 6.000 livres, l'église fut, après deux feux, adjugée moyennant 13.500 livres au citoyen Nicolas Henriot, vicaire épiscopal, le 30 septembre 1791 (3). Quelques années après, elle était démolie (4) et l'on construisait sur son emplacement les maisons qu'on voit aujourd'hui.

(1) Arch. Yonne, G 2510; voyez aussi : JULLIOT, *Cartulaire sénonais de Balthazard Taveau*, p. 119.

(2) Arch. Yonne, L 28.

(3) Arch. Yonne, Q 192, fol. 556. Voy. PORÉE. *La vente des biens nationaux*, etc., II, p. 147, n° 1646.

(4) Lors de la vente du presbytère de Sainte-Colombe, le 16 messidor an IV, il est dit tenir « du nord à l'emplacement de la ci-devant église de Sainte-Colombe ».

17. — LA MÉSAVENTURE D'ÉTIENNE DE BIERNE
OU LES TRIBULATIONS D'UN MANUSCRIT

Un acte du notaire Jean Maillet nous apprend qu'en 1507, Etienne de Bierne, écuyer, seigneur du Chesnoy, possédait une maison sise de l'autre côté de la rue, devant l'église, et une autre maison sise « devant l'ostel presbytéral de Sainte-Colombe », tenant à la veuve Moncourt et à Etienne Duport, le propriétaire, nous l'avons vu, des deux maisons voisines de la ruelle des Jacobins.

C'était là encore un reste de l'héritage de Gontier Col. Etienne de Bierne possédait en effet ces maisons du chef de sa femme, Tristande Voisin, et Tristande était l'unique héritière d'un riche marchand, Pierre Voisin, qui avait succédé à Nicolas Col, le fils de Gontier, à la fois dans la seigneurie de Paron et dans la censive dont jouissaient les seigneurs de Paron sur certaines maisons de Sens. Comment le patrimoine des Col échut-il ainsi à Pierre Voisin ? Nicolas Col avait un fils, Jean, qui retourna au comptoir d'où son aïeul était sorti et était installé à Sens dans la rue Couverte (1), et c'est lui, apparemment, qui eût dû recueillir l'héritage paternel. Peut-être Louise des Créaux, que Pierre Voisin prit pour femme, était-elle la petite-fille, par sa mère, de Gontier Col. Ou faut-il supposer que la seigneurie de Paron, avec la censive qui en dépendait, passa des Col aux Voisin, — qu'unissaient du reste certains liens de parenté (2), — non par héritage, mais par vente? Quoi qu'il en soit, Etienne de Bierne jouissait, au commencement du XVIᵉ siècle, des cens qu'avait autrefois perçus le secrétaire de Charles VI.

Or, un matin de l'an 1535, Etienne de Bierne quittait son château du Chesnoy, portant sous son bras le registre censier où étaient dénombrés ses censitaires. L'un d'eux, Antoine Guyot, le mari de Marion Baillehoue, faisait en effet

(1) Arch. Yonne, E 300.
(2) On a vu plus haut que Pierre Voisin traite Nicolas Col de « mon cousin », *supra*, p. 21, n. 5.

difficulté d'acquitter quelques deniers de redevance annuelle et notre châtelain pensait qu'en lui montrant le registre qui établissait sa dette, il amènerait à résipiscence son débiteur récalcitrant. On approchait alors de la Sainte-Croix en septembre, jour où les censitaires avaient coutume d'aller payer, chaque année, leur redevance sur les ponts d'Yonne. Une fois ses affaires expédiées à Sens, Etienne de Bierne, avant de regagner le Chesnoy, ne voulut pas s'embarrasser de son registre et il le laissa aux mains de Georgette du Croiset, femme de confiance qui avait la garde de la maison de son frère, Jean de Bierne, seigneur de Beaux-Moulins, alors absent de Sens.

Funeste détermination ! Georgette déposa bien le précieux registre dans la maison de Jean de Bierne, « sur une couchette ». Mais quand, le jour de Sainte-Croix, Etienne de Bierne le lui réclama, une surprise désagréable les attendait. En ouvrant le registre, soixante-quatre feuillets s'en détachèrent. La femme de Jean de Bierne, Alix de Balot, trouvant à son retour ce « vieil registre » et pensant qu'il n'était d'aucun intérêt, avait, heureuse de l'aubaine, — le papier était cher alors ! — et en ménagère économe, pris ses ciseaux, coupé les feuillets écrits et obtenu ainsi sans bourse délier un registre de papier blanc. Ces feuillets détachés auraient-ils désormais valeur authentique? Etienne de Bierne, plein d'inquiétude, se rendit aussitôt devant le prévôt Guillaume Luillier et lui exposa l'affaire. Le prévôt fit comparaître Georgette du Croiset et Alix de Balot et, sa religion éclairée, rendit séance tenante un arrêt autorisant Etienne de Bierne « à faire recouldre par ordre lesdicts feuillets audit registre, le mieulx et plus commodément que possible, pour faire foy cy après ».

C'est la sentence de Guillaume Luillier, datée du 14 septembre 1535 et insérée en tête du registre, qui nous a transmis cette histoire. Couvert en parchemin, le manuscrit montre encore ses pages, jaunies par les mains qui le feuilletaient autrefois sur les ponts d'Yonne, toutes soigneusement collées sur onglets. Il fait le plus grand honneur au relieur d'il y a trois cents ans qui eut à réparer l'erreur d'Alix de Balot et, ses tribulations finies, repose aujourd'hui sur un rayon des Archives départementales sous la cote E 300.

18. — LE CARROUGE ET LA MAISON DES DEGRÉS

« Le carrefour situé entre la rue Beaurepaire et la rue de l'Ecrivain, écrit Tarbé, s'appelait du Carrouge à cause d'une carre rouge (1). » Cette erreur de Tarbé est excusable; car dès le xvi° siècle, on avait oublié la signification du mot « carrouge », qu'on trouve déjà déformé, dans les actes de cette époque, en « coing rouge » (2), en « carroy rouge » (3) et en « cap rouge » (4). En réalité, carrouge, dérivé de *quadrivium* (5), était autrefois synonyme de carrefour et, à Sens même, outre celui de Sainte-Colombe, il y avait encore le « carrouge du Loup » (6). Si le nom en demeura seul au carrefour de Sainte-Colombe, c'est que l'intersection des rues de l'Ecrivain et Beaurepaire avec la Grande-Rue constituait le carrefour par excellence. Là se croisaient en effet les deux voies les plus fréquentées de la ville, quand la rue Couverte n'était pas encore prolongée à travers le Cloître et que les voitures venant du Sud ou du Nord devaient emprunter la porte de Saint-Didier.

A l'angle nord-est du Carrouge s'élevait, dès le début du xiii° siècle, une grande maison de pierre dont on peut suivre l'histoire jusqu'à la Révolution et qu'un perron, accédant à la porte principale, avait fait baptiser à l'origine du nom de maison des *Degrés*.

Elle couvrait l'emplacement occupé aujourd'hui par les immeubles portant les numéros 69 de la Grande-Rue et 2 et 4 de la rue Beaurepaire. La maison elle-même a disparu, mais ses caves subsistent encore. Elles forment une

(1) TARBÉ, *op. cit.*, p. 53.
(2) « L'esglise Sainte-Colombe-du-Coing-Rouge. » Arch. Yonne, E 301, fol. 23 v°.
(3) Arch. Yonne, G 1003.
(4) Arch. Yonne, H 310.
(5) « Ecclesia Sancte Columbe in Quadrivio. » (année 1287.) Arch. Yonne, H 299.
(6) « Maison en la parroiche Saint-Hillaire de Senz, entre le *Quarroize dou Lo* et la porte Fermaut. » (année 1286.) Arch. Yonne, H 480.

vaste salle rectangulaire, où les voûtes sont soutenues par de robustes ogives qui retombent sur une double rangée de cinq colonnes munies de chapiteaux à crochets et sur des piles carrées engagées dans les murs latéraux. Un mur de refend, élevé quand l'immeuble supérieur fut divisé, partage aujourd'hui cette belle salle en deux parties à peu près égales.

En 1248, l'abbé de Saint-Rémy, le maître du grand Hôtel-Dieu, le curé de Sainte-Colombe, les chevaliers Guy de Verneuil, Guy de Maligny et Ithier de Fontaines, prétendaient chacun droit de cens sur cette maison. L'archevêque Gilon, pris comme arbitre, fixa les droits des parties (1) et, jusqu'à la Révolution, sa sentence fut observée. La maison releva ainsi de quatre censives différentes, celles de Saint-Rémy, du grand Hôtel-Dieu, du curé de Sainte-Colombe et celle des archevêques auxquels Guy de Verneuil et ses compagnons avaient aliéné leurs droits.

En 1302, la maison des Degrés appartenait à Guillaume le Compasseur (2), membre d'une des plus riches familles de

(1) « ... De jure partium, tum per confessiones earum, tum per depositiones testium super hoc productorum ac per instrumenta predicta necnon et per scripta vetusta super censibus dicte domus Dei diu est confecta, nobis constitit evidenter. Communicato prudentum consilio, per arbitrium nostrum pronunciamus prefatum monasterium Sancti Remigii habere in magna domo lapidea *es Egrez* tam inferiori quam superiori septem denarios censuales annui redditus et dictam domum Dei habere in eadem domo lapidea tres denarios censuales annui redditus, dictamque ecclesiam Sancte Columbe habere in eadem lapidea duodecim denarios censuales annui redditus, ac dictos milites [Guidonem de Vernolio, Guidonem de Melligniaco et Itherum de Fontibus] habere similiter in eadem domo lapidea novem denarios annui redditus censuales; necnon et idem monasterium Sancti Remigii habere decem denarios censuales annui redditus in curia, stabulis, cloacis et parvo cellario dicte domus, dictosque milites habere quinque denarios annui redditus censuales in appenditio collaterali ejusdem domus quod fuit, ut dicitur, de censiva defuncti Flori. Diximus insuper per idem arbitrium nostrum tam dictos monachos magistrumque et fratres dicte domus Dei quam presbyterum Sancte Columbe et milites predictos habere, tanquam dominos censuales, omnimodam justiciam ad jus censuale spectantem... Actum die Mercurii prenotata anno Domini M° CC° quadragesimo septimo, mense januario. » Arch. Yonne, H 302.

(2) « Guillermus li Compasseres, VII d. pro casio domus *aus Egrez*. Item X d. pro parvo cellerario, privatis cameris et pro porprissia retro dictam domum. » (Censier de Saint-Rémy, année 1302.) Arch. Yonne, H 306, f° 32 v°. En marge, d'une écriture plus récente : « Henriz et Johannes les Compasseurs fratres, tenent; Petrus tenet. »

CAVE DE LA MAISON DES DEGRÉS

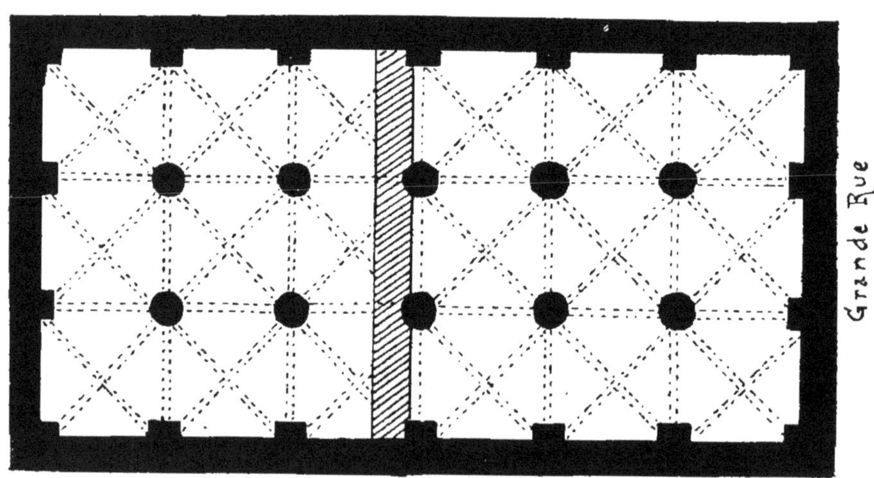

PLAN DES CAVES DE LA MAISON DES DEGRÉS

drapiers de Sens, dont le père, Pierre, avait été en 1288 l'un des pairs de la commune (1). Gonthier Col, qui la possédait à la fin du xive siècle, était peut-être un descendant des Compasseur. Eloigné de Sens par son service auprès du Roi, il la loua aux échevins en 1393 pour y tenir les assemblées de ville (2) et son fils, Nicolas Col, en passait reconnaissance à l'abbé de Saint-Rémy en 1443 (3). Quelques années après, c'était la maison d'André de la Haye, le bienfaiteur de Sainte-Colombe, sans doute allié aux Col, puisqu'au xvie siècle la maison était la propriété des descendants d'un gendre de Gonthier Col, des Spifame (4).

Vers 1550, le marchand Jean Perret acquit des Spifame leur maison et s'y enrichit; car en même temps que la maison, il léguait en mourant à son fils, Claude, la seigneurie de Changy. Au début du xviie siècle, Claude Thody succé-

(1) Arch. départ., F 31, p. 11.

(2) « Avant que ledict hostel de ville fust basty, la chambre se tenoyt ès salles du Roy, desquelles Colart de Caleville, chevalier, bailli de Sens, fit mettre hors les meubles appartenans à icelle ville, en hayne des procez meuz entre luy et ladicte ville. Et tint-on ladicte chambre par quelques années en la maison Me Gonthier Col, secrétaire du Roy, assise au coing Saincte-Columbe, qui fut louée six escuz par an, ainsy qu'il se voyt par le compte rendu par Pierre Oger, pour l'an mil III^c IIII^{xx} XIII. » *Cartulaire sénonais de Baltazar Taveau* (édit. Julliot), p. 34, alin. 2.

(3) « [Gonthier Col]. Item pour sa maison séant devant Saincte-Colombe-du-Quarre-Rouge, qui fut feu Guillaume le Compasseur et depuis à Pierre le Compasseur et depuis à Jean le Compasseur, filz dudit Pierre, tenant des deux pars au pavé du Roy, si comme l'en va aux Jacobins et ainsi comme l'en va à la porte d'Yonne, et de costé à la maison Nicolas Alory qui jadis fut à Deite la Veniere et d'autre part à la maison et court qui fut feu Henry le Compasseur, VII d. Item pour ses maison, place et cave séans devant les Jacobins, derrier la maison dessus dicte. » (Censier de Saint-Rémy, année 1412.) Arch. Yonne, H 307, f°s 27 v° et 28. Voy. aussi : H 308, f° 16; H 358, f° 11.

(4) « De MM. les Spifames pour leur maison assise à Sens en la paroisse Saincte-Colombe, faisant ung coing d'une rue par laquelle on va à la porte Sainct-Didier, et appartient la censive de ladicte maison à quatre seigneurs, assavoir à Mons. de Sens, à l'abbé de Saint-Rémy, au curé de Saincte-Colombe et à la grant Maison-Dieu; pour ce icy, pour la part de lad. Maison-Dieu, 8 d. p. » Arch. de l'Hospice de Sens, E 13. (Comptes de 1538.) En marge : « Autrefois, la maison d'André de La Haye. » « MM. les Spifames, héritiers de feu M. Gaillard Spifame, pour leur maison assise en la Grant-Rue, tenant d'un long à Me Valentin Hodouart, d'autre à la rue qui va aux Jacobins, d'un bout au pavé et d'autre à une ruelle commune, VIII d. » (Arch. Yonne, G 1488, censier du xvie s., fol. 32.)

dait aux Perret (1). L'ancienne maison des Degrés passa
ensuite aux mains d'un autre marchand, Pierre de
Guyenne (2), qui, comme ses prédécesseurs, y prospéra. Son
fils Barthélemy abandonna en effet le commerce paternel et
acquit une charge de conseiller au bailliage, où il était le
doyen de ses collègues en 1748. A la veille de la Révolution,
la maison était habitée par Anne Hébert, veuve de Pierre-
Jacques-Gratien du Gaudin (3).

Depuis longtemps en avaient été détachées les dépendances de l'ancienne maison des Col sur la rue des Jacobins.

19. — L'IMAGE SAINT-PAUL ET LE CHAPEAU-ROUGE

Nicolas Alory, conseiller clerc au bailliage de Sens, qui
vivait à la fin du XIVᵉ siècle et au commencement du XVᵉ,
était, ainsi que son voisin Gontier Col, un des riches propriétaires de Sens. Nous avons vu qu'il possédait une maison, dans la Grande-Rue, entre le presbytère et l'église de
Sainte-Colombe, où il fit bâtir une chapelle. La maison attenant à l'Est à celle des Degrés lui était advenue de Deite
la Venière (4) et, quelques pas plus loin, il possédait encore une autre maison qu'il louait à un « talemelier ». On
appelait ainsi les boulangers qui, outre le pain, fabriquaient certaines pâtisseries, telles qu'échaudés et brioches.
Cette maison, que les actes désignent comme « assise devant le celier aux Biautés », tenant d'une part au *Chappel*

(1) Arch. Yonne, H 309, fᵒ 106; Arch. de l'Hospice de Sens, B 54.
(2) Arch. Yonne, H 358, fᵒ 42.
(3) *Ibid.*, H 362, fᵒ 89; H 360, nᵒ 1, § 42. La maison tient « du couchant à la rue des Jacobins ».
(4) Voy. *supra*, p. 37, note 3. Cette maison de Deite la Venière était
possédée, au XVIᵉ siècle, par Valentin Hodouart (voy. *supra*, p. 37, n. 4)
et, en 1780, par l'huissier Dassonval. (Arch. Yonne, H 362, fol. 89.)
C'était la maison portant aujourd'hui le nᵒ 71, à moins qu'on ne sup-
pose que la maison des Degrés n'ait eu des dépendances de ce côté;
auquel cas il faudrait reculer vers l'est de son emplacement. Les maisons 71 à 77 relevaient autrefois de la censive des curés de Sainte-Colombe dont les censiers sont perdus, en sorte que nous ne connaissons
d'elles que ce qu'en apprennent les indications relatives aux maisons
qui leur étaient attenantes à l'ouest et à l'est.

Roge et d'autre part au logis de Gilles Hebertaut (1), occupait exactement l'emplacement du n° 83 actuel (2).

En 1364, elle fut l'objet d'une série de transactions assez compliquées. Nicolas Alory avait acquis de la veuve de Jean de Maisières, en son vivant conseiller du Roi et grand bienfaiteur des Célestins de Sens, la maison où il était mort à Paris, rue Saint-Antoine. Moyennant vingt livres de rente annuelle, il avait pu s'offrir cette résidence dans la capitale. La veuve de Jean de Maisières, Isabeau, lui proposa de réduire cette rente à huit livres, mais en échange elle recevrait en toute propriété, et franche de tous droits, même de cens, la maison du « talemelier » de la Grande-Rue et une autre maison que Nicolas Alory possédait encore sur le bord de la Vanne, non loin de l'abbaye de Saint-Paul. Ainsi fut fait, et les Célestins, pour le compte desquels Isabeau, continuant à leur égard les libéralités de son feu mari, avait agi en la circonstance, devinrent propriétaires des deux maisons d'Alory.

Or, il se trouvait que s'ils possédaient ainsi une maison près de Saint-Paul, les religieux de Saint-Paul eux-mêmes en possédaient une autre, dans la Parcheminerie, qui touchait à l'enclos des Célestins. Un échange intervint (3) et le boulanger de la Grande-Rue mit aussitôt pour enseigne à sa boutique *l'Image Saint-Paul* (4). C'est sous cette appellation que la maison fut connue jusque dans le courant du XVIIIe siècle.

En 1507, c'était encore un pâtissier, Jean Dizy, qui l'habitait (5). Elle comprenait alors un logis sur la rue et, par derrière, une cour intérieure qui la séparait d'étables. On

(1) Arch. Yonne, H 480.
(2) En 1780, d'après H 381, quatre habitations la séparaient de l'angle de la rue du Plat-d'Etain et sept de l'angle de la rue des Jacobins, aujourd'hui Beaurepaire.
(3) Arch. Yonne, H 480.
(4) Voy. *infra*, p. 41, n. 3.
(5) « Du XVII janvier V^c VII, Mr Jehan Laisné a baillé à rente à Jehan Dizy, paticier, une maison couverte de tuille, court au millieu et estables derrière, assise en la Grande-Rue, paroisse Sainte-Colombe, tenant à l'hostel du *Cheval-Blanc* qui fut à feu Perrin Guyon, d'autre à l'ostel feu Jacques Camus, aboutissant par derrière audit hostel et par devant au pavé royal, chargée de IIII livres de rente foncière envers Saint-Paul. » Arch. Yonne, H 479.

construisit dans la suite une maison d'habitation sur ces étables et l'immeuble fut dès lors divisé en deux parties : du xviie siècle jusqu'en 1780, Pierre Faisant, Jean Lauvergnat, Etienne Baillofert, le menuisier Pillier et le nommé Charpillon les possédèrent divisément (1).

Sous le numéro 81, une grande porte cochère s'ouvre sur une vaste cour qui communique avec la rue du Plat-d'Etain. On y reconnaît les dépendances de deux anciennes hôtelleries, dont l'une, celle du Cheval-Blanc, avait son entrée rue du Plat-d'Etain. L'autre, dite du *Chapeau-Rouge*, occupait dans la Grande-Rue l'emplacement des n°s 81 et 79. Le Chapeau-Rouge existait déjà en 1363; au commencement du xvie siècle, la Levrette et le Grand-Dauphin avaient éclipsé sa renommée. Pourtant il recevait parfois encore de notables voyageurs, et c'est au Chapeau-Rouge qu'en janvier 1526 le Chapitre alla offrir un présent de vin au baron des Garrés, lieutenant de la compagnie de M. de Floranges (2), alors de passage à Sens.

Au cours du xvie siècle, l'hôtellerie disparut et devint la demeure d'une vieille famille sénonaise, sur laquelle nous aurons l'occasion de revenir, les Fauvelet (3).

20. — LA COGNÉE, L'AIGLE-D'OR, LE MORTIER-D'OR ET LA PINTE

Entre l'Image Saint-Paul et la rue du Plat-d'Etain-d'en-Haut, il n'y avait anciennement que deux maisons, relevant toutes deux de la censive des Ferroul : la Cognée et la Pinte. La maison de la Cognée, qu'on appelait aussi parfois maison de la Hache, car aucune inscription ne fixait l'appellation de l'outil qui lui servait d'enseigne, était attenante à la

---

(1) Arch. Yonne, H 479, 480 et H 361, n°s 155 et 156. Reconnaissance par Jean Lauvergnat, voiturier par eau, aux religieux de Saint-Paul, pour « deux corps de logis en ceste ville de Sens, Grande-Rue, parroisse Saincte-Colombe-du-Carrouge, tenant d'un long à noble homme maistre Guillaume Fauvelet, esleu en l'élection de Sens, d'autre long à la veuve Me Cartault ». (Arch. Yonne, H 480.) Dans la déclaration des biens de l'abbaye de Saint-Paul, en 1680, on retrouve cette maison, « tenant d'occident à M. le lieutenant Fauvellet, d'autre long d'orient au sieur Cartault ». *Ibid.*, H 479.

(2) Arch. Yonne, G 999.

(3) Voy. *supra*, n. 1.

maison des religieux de Saint-Paul (n°ˢ 85 et 87) et correspondait par une allée avec la rue du Plat-d'Etain.

La Hache eut pour détenteurs successifs, à partir de la fin du XIVᵉ siècle, Colinet, Henriet et François Rousseau, Perrin Picard et Marie Chacerat qui épousa tour à tour un maître des comptes du duc de Bourgogne, Guy de Bray (1), un notaire et secrétaire du Roi, Raoul Camus, puis un bourgeois de Paris, Jean Rendoin (2). Ce fut un des enfants de son second lit, Jean Camus, bourgeois de Sens, qui hérita de la maison et la transmit à son fils Jacques (3). En 1502, la Hache était possédée par Jacques Minagier (4), dont la petite-fille, Marguerite, l'apporta à son mari, le médecin Jean d'Ailleboust.

Ce Jean d'Ailleboust mérite ici une mention spéciale. Né à Autun, dont son frère Charles fut évêque de 1572 à 1585, il était fils d'un Jean d'Ailleboust qui avait été médecin de François Iᵉʳ (5). Son mariage avec Marguerite Minagier, qui lui apporta la seigneurie de Mâlay, le fixa à Sens et c'est là qu'en 1582 il pratiqua l'autopsie fameuse de Colombe Chatry qui, pendant vingt-huit ans, avait conservé dans son

(1) Sur Guy de Bray, voy. Quesvers et Stein, *op. cit.*, I, pp. 385 et 572.

(2) Arch. Yonne, G 1355.

(3) « Guiot Esveillé, commis de par le Roy au gouvernement de certaine maison, ou souloit pendre pour enseigne la *Congnée*, assise en la Grant-Rue de Sens, tenant à la maison de feu Henriet Rousseau, ou pent l'enseigne de la *Pinte*, et d'autre part à la maison de *Saint-Pol* que Jehan Huet souloit tenir, laquelle maison de la Congnée appartint jadis à feu Colinet Rousseau et depuis à feuz Henriet Rousseau et Perrin Picart et à la vefve de feu maistre Guy de Bray, qui depuis a esté femme de feu Jean Rendoyn. » (année 1435.) (Arch. Yonne, E 297, f° 10.) « Jehan Camus, à cause de sa maison où il demeure... ouquel hostel soloit pandre l'enseigne de la Cognée, assis en la Grant-Rue de Sens, devant l'ostel du Compasseur, tenant d'un des coustez à l'ostel de la Pinte et de l'autre cousté à *l'ymage Saint-Pol* et par derrière aux maisons de Perrin Guiart, à cause de feu Jehan Laisié. » (année 1462), *ibid.*, f° 35. Voy. encore E 297, fᵒˢ 3 v°, 7 v°, 42 v°, 60 v°, 66.

(4) « Jacques Minagier, ou lieu de Jacques Camus, filz et héritier de feu Jehan Camus, pour sa maison... tenant d'un des costez à l'ostel de la Pinte et de l'autre costé à la maison de Saint-Pol, par derrière aux maisons du Cheval-Blanc qui furent feu Perrin Guiart. » (année 1502.) (Arch. Yonne, E 298, f° 99.)

(5) Arch. Yonne, E 6, 201.

sein un fœtus pétrifié. Il a laissé sur ce « cas merveilleux, qui depuis que le monde est monde ne s'est jamais vu », de curieuses observations médicales qu'il a consignées dans son *Lithopœdium portentosum* (1). A sa mort, survenue en 1599 (2), il avait quitté Sens depuis quelques années et remplissait auprès de Henri IV les fonctions de premier médecin que son père avait exercées auprès de François Ier.

A la fin du XVIe siècle, la maison de la Cognée qui, depuis au moins cent ans, avait perdu cette enseigne, était divisée en deux parties : l'une (n° 85), attenant à l'Image-Saint-Paul, appartenait à Simon Cartault, marchand, aux descendants duquel elle resta pendant plus d'un siècle (3); l'autre (n° 87) fut acquise vers 1571 par l'apothicaire Etienne Bouvier, le gendre de Jean Cousin. Il enleva l'*Aigle d'Or*, à l'enseigne duquel, vingt ans auparavant, le libraire Jean Delamare avait exposé en vente les livres sortis des presses du premier imprimeur de Sens, François Girault (4), et accrocha à la potence de sa boutique le mortier des apothicaires.

La maison du *Mortier-d'Or* ne comprenait au rez-de-chaussée qu'une petite chambre de débarras, prenant jour sur une courette, et l'officine où, sur les bahuts, s'alignaient « les poudres cordiales, pierreries, cires, fleurs, cendres,

---

(1) Cet ouvrage fut traduit par Siméon de Provenchères, dont nous parlerons plus loin. D'Ailleboust nous dit que, pour cette autopsie, il appela près de lui, « comme oculaires et fidèles tesmoings, Me Jehan Perigois, Siméon de Provenchères et Jehan Rousselet, docteurs médecins, comme aussy Claude Lenoir et Jehan Cottias, chirurgiens, par lesquels ledit enfant a esté tiré, et Estienne Bouvier, apothicaire, qui meit la main à cette besongne ». On verra plus loin que tous habitaient les maisons voisines de celle qui nous occupe.

(2) Jean d'Ailleboust laissait de Marguerite Minagier trois enfants : Suzanne, qui épousa Guillaume Duval, seigneur du Fay, de Mâlay-le-Roi et de Villechétive; Marie, qui épousa Jean Bidé, avocat au Parlement, et dont la fille Marie Bidé fut mariée à Gédéon de Conquérant, seigneur de Gondreville, la Madeleine, Vaumort et Villechétive; Jean qui devint secrétaire de la chambre du Roi. (Arch. Yonne, E 6 et E 201.)

(3) « Pierre Cartault, marchant à Sens, pour sa maison en laquelle il faict à présent sa demourance, assise en la Grant-Rue, parroisse Saincte-Colombe, attenant à celle de Estienne Bouvier, marchant appoticaire. » (Arch. Yonne, E 303, f° 17 v°.) Voy. *supra*, p. 40, n. 1.

(4) Voy. JULLIOT, *Quelques Gravures sur bois des premiers Imprimeurs sénonais dans Bull. Soc. archéolog. de Sens*, t. XII (année 1880), p. 185

huiles, baumes, pommades, confitures et dragées (1) ». Aussi, en même temps que cette maison, Etienne Bouvier, pour son logement et celui des siens, en avait acquis deux autres petites, sises rues du Plat-d'Etain et communiquant avec celle de la Grande-Rue (2). Il avait dû emprunter au Chapitre de quoi les payer et il servait aux chanoines, de ce fait, une rente de 100 livres (3). C'était là une lourde charge. Aussi, à sa mort, en 1601, Etienne Bouvier laissait à son fils Jean et à sa veuve Marie Cousin une succession très obérée et, en 1602, Marguerite Minagier leur réclamait 1.262 livres, montant des arrérages de la rente dont la maison du *Mortier-d'Or* était chargée à son profit.

A côté de l'ancienne Cognée, à l'angle occidental de la rue du Plat-d'Etain, s'élevait la maison de la *Pinte*, qu'on appelait aussi du *Pot-d'Etain* (4). Primitivement, elle était aux

(1) Roy (Maurice), *La Fille de Jean Cousin*, dans *Soc. archéol. de Sens*, t. XIX (année 1900), pp. 250-264.

(2) « Sire Estienne Bouvier, marchant appoticaire, a payé pour trois maisons qu'il tient et possède dans la Grande-Rue de ceste ville, paroisse Saincte-Colombe, scavoir : à l'esgard de la maison de l'*Aigle-d'Or* qui soulloit appartenir à Claude Duport, I d. p.; à l'esgard de celle de Pierre le Cheron, 2 d. p.; et quant à celle qui feut à feu Loys Deshayes, 2 d. p. » (Arch. Yonne, E 303, fol. 1.) Il y a ici, dans la désignation des maisons, dont deux se trouvaient en réalité rue du Plat-d'Etain, une erreur, corrigée du reste au fol. 16 v° du même registre E 303, et mieux établie encore dans la liasse H 144.

(3) « D'Estienne Bouvier, ... à cause de l'acquisition par luy faicte d'une maison ou soulloit pendre pour enseigne l'*Aigle-d'Or* et à présent le *Mortier-d'Or*, soulloit par ci-devant estre receu la somme de C l. t., mais à présent ne se reçoit plus que la somme de 66 l. 13 s. 4 d. t., le surplus ayant esté rachepté en l'an mil Ve IIII^{xx} XVII.» (Arch. Yonne, G 1173, G 1175, fol. 10, etc.)

(4) « Jehan Legouz, sergent du Roy et doien du guet de Sens, ou nom de luy et de Richarde, sa femme, fille de feu Henriet Rousseau et de feue Jehannette sa femme, pour une maison assise à Sens, en la Grant-Rue, faisant le coing de la rue de la Vieil-Bocherie, tenant d'une part à la maison de la *Hache* et d'autre part à la maison Girart Savorin, et par devant au pavé royal, III d. p. » (année 1435.) Arch. départ., E 297, f° 10. « Colas Bierne, tanneur, pour Richarde, sa femme, par avant femme de Jehan Legoux, pour une maison faisant le coing de la Viez-Bocherie, tenant par derrière à l'ostel de Jehan Laisé qui fut Girart Savorin et d'autre costé aux hoirs de feu Colinet Rousseau et de la femme Rendoyn. » (année 1452.) *Ibid.*, f° 14 v°. « De Odinet Bouquot, pour sa maison où il demoure, de présent appellée la maison de la *Pinte*, tenant d'ung costé à la maison de la Hache, ... III d. p. » (Année 1489.) *Ibid.*, E 298, f° 28. Voy. encore E 297, f°s 17, 20, 41 v°; E 298, f°s 14, 19, 77, 95 et *supra*, p. 41, note 3.

mêmes mains que la maison de la Cognée, puisque Richarde Rousseau — qui, au xv° siècle, la transmit successivement à trois maris Bouquot, Jean Legoux, sergent et doyen du guet, et le tanneur Nicolas Bierne — était la fille d'Henriet Rousseau, possesseur de la Cognée. Pierre de Bossy l'acheta vers 1500 du fils de la « Rousselle », Odinet Bouquot. Elle passa ensuite, vers 1550, à l'apothicaire Michel Duchat, auquel succédèrent le chirurgien Claude Lenoir et le médecin Jean Périgois, dont la fille, Marguerite, l'apporta à son mari Matthieu de la Chaussée (1).

21. — LA CENSIVE DES CURÉS DE SAINTE-COLOMBE

Depuis le carrefour du Sauvage jusqu'à la maison de Saint-Paul du côté nord et jusqu'à l'angle de la rue du Cheval-Rouge du côté sud, la plupart des maisons de la Grande-Rue relevaient de la censive des curés de Sainte-Colombe.

Au xviii° siècle, Mademoiselle de Sens, engagiste du domaine, contesta aux curés leurs droits sur cette censive, prétendant qu'elle avait pour origine une usurpation. « Rien n'est si commun, disait son avocat, que de voir des ecclésiastiques entreprendre sur les droits du Domaine. Mais qu'il est difficile de démesler leurs entreprises ! A l'abry du voile respectable dont l'Eglise se couvre, ses ministres se croient tout permis. C'est peu d'envahir le patrimoine des particuliers, le domaine de la Couronne n'est pas respecté davantage. » Il soutenait que les curés avaient converti en redevances seigneuriales, en cens emportant lods et ventes, des rentes purement foncières, à eux abandonnées en échange de services religieux. A l'appui de ce dire, il citait un acte de 1451 par lequel Nicolas Col avait légué au curé de Sainte-Colombe une rente de 10 sols sur une maison dite de l'*Huis-de-Fer,* à charge de célébrer un anniversaire; puis, se reportant aux censiers, il retrouvait ces 10 sols de

(1) Arch. départ., E 303, f⁰ˢ 2 v°, 16 v°; E 297, f° 41 (note marginale). Arch. de l'Hospice de Sens, B 54, 55; G 15. Voy. aussi Biblioth. de Sens, manusc. 52, fol. 63 v°.

rente transformés en 10 sols de cens; enfin, il notait que certaines maisons de la censive prétendue par les curés figuraient sur les comptes du domaine royal, du xvie siècle, comme relevant du Roi (1).

Cette revendication de Mademoiselle de Sens était-elle fondée ? Nous ne savons. En tout cas, les juges maintinrent les curés en possession. C'est peut-être à ce moment que les registres censiers de la cure de Sainte-Colombe, produits en justice à l'occasion de ce procès, disparurent. Aucun d'eux ne nous est parvenu, en sorte que nous savons peu de chose des maisons qui relevaient de cette censive. L'une d'elles, où « souloit pendre d'ancienneté le *Cygne* », sise dans la Grande-Rue, était habitée en 1588 par le marchand Barthélemy Gasteau, mais nous ignorons son emplacement exact. Pareillement, il nous est impossible d'identifier l'*Image Saint-Jacques* qui, toujours dans la Grande-Rue et en la paroisse Sainte-Colombe, servait d'enseigne à la maison du chirurgien-barbier, Jean Daufigny (3).

22. — LE PUITS DES TREIZE-PRÊTRES

L'immeuble de « Grandes-Galeries », édifié il y a une dizaine d'années à l'angle de la rue de l'Ecrivain, à l'opposite de l'emplacement du chevet de Sainte-Colombe, a englobé huit maisons.

La troisième maison à compter de l'angle de la rue avait appartenu à noble homme Toussaint Marcelat, receveur des tailles en l'élection de Sens, qui acquit en 1693 la charge de maire perpétuel de la ville et la conserva jusqu'à sa mort survenue le 4 octobre 1705 (4). A cette époque se succédaient ensuite les boutiques d'un perruquier, Seguin, d'un

---

(1) Arch. nation., Q 1644.

(2) Minutes de Michel Pontey, notaire à Sens. (Communication de M. Maurice Roy).

(3) La maison est dite tenir d'une part aux hoirs feu Jacques Deshayes et d'autre part aux hoirs Isabeau Pesnot.

(4) Arch. Yonne, F. 34, p. 68. Son frère succéda à Toussaint dans sa charge de maire.

armurier, Bourgis, d'un boulanger, Maudier, et d'un coutelier, Godeau (1).

Devant la boutique du boulanger, en retrait de quelques
mètres, se trouvait le puits des Treize-Prêtres, ainsi nommé
parce que le terrain sur lequel il avait été ouvert relevait de
la censive du collège des Treize-Prêtres. Ce collège était composé de treize des curés des seize paroisses de la ville et des
faubourgs. Ils en faisaient remonter l'origine au séjour que
fit à Sens le pape Alexandre III, en 1163, pendant lequel
leurs prédécesseurs auraient rempli auprès du pontife les
fonctions des cardinaux; aussi s'intitulaient-ils les « cardinaux du diocèse » et le bon Rousseau, leur doyen, dans
un historique qu'il fit de leur établissement, n'était pas
loin d'affirmer qu'ils étaient supérieurs à l'archevêque.
C'étaient là prétentions ridicules dont on se moquait dans
le public. Aussi, en 1728, Mgr de Chavigny réforma leurs
statuts et agrégea au collège les curés de Sainte-Croix, de
Saint-Savinien et de la Madeleine qui en avaient été jusque-
là écartés (2).

Au XVIᵉ siècle, le puits des Treize-Prêtres était à l'entrée

(1) La première des maisons ci-dessous était la troisième à compter
de l'angle de la rue de l'Ecrivain (ancien 72) : « Noble homme
Mᵉ Toussaint Marcelat, receveur des tailles et maire de la ville de Sens,
au lieu de Mᵉ Nicolas Dissier, son ayeul, pour une maison sise en la
Grande-Rue, tenant du costé d'orient à Jacques Seguin, du costé d'occident aux héritiers Jacques Billaut, du midy à la cour de la Souche
du septentrion à la rue, I d. — Jacques Seguin, perruquier, au lieu de
Barthelemy Robert, qui fut au lieu de la veuve Marteau, tenant du
costé d'occident à la maison précédente, du costé d'orient à la sub-
séquente, d'un bout à ladicte cour (ancien 74). — Jean Bourgis dit Sedan,
armurier, pour sa maison tenant du costé d'occident à la précédente
(ancien 76). — Les hoirs Sébastien Godeau, au lieu de Jean Crouslant,
qui fut au lieu de Jean Michelet, pour leur maison (ancien 80), tenant
du costé d'occident aux héritiers Jean Maudié, qui occupent la maison
(ancien 78) où est le puits commun vulgairement dit le *Puits des
Treize-Prestres*, d'un bout à la cour de la Souche. » (Biblioth. de Sens,
manusc. 52, fol. 63.) Comparer ces indications avec celles fournies par
le Cartulaire de Taveau (p. 142 de l'édition Julliot); elles se confir-
ment les unes les autres. Voir aussi un acte du 29 juillet 1698 dans
G 1365. Il y est question des maisons « scituées en la Grande-Rue,
aboutissantes par derrière à la cour de la Souche, tenant du costé
d'orient à la maison où est enclavé le puitz commun dict des Treize-
Prestres, d'autre du costé d'occident au sieur Marcelat, au lieu du
sieur Dissier ».

(2) Arch. Yonne, G 2359.

d'une petite place, qu'une ruelle, enjambée par une bretauche, faisait communiquer avec la cour de la Souche (1
Toutes les maisons signalées plus haut donnaient par derrière sur cette cour qui, ouverte sur la rue de l'Ecrivain,
s'enfonçait assez profondément à l'Est. En 1561, la ville
autorisa Jean Pyat à bâtir sur la place, « sans toutefois
oster ni empescher l'usage du puits estant en icelle », pour
lequel il devait laisser un espace de trois pieds au moins,
« du cousté du pavé » (2). C'est cette maison construite par
Jean Pyat qu'occupait, à la fin du XVIe siècle, le boulanger
Jean Maudier.

La maison qui porte aujourd'hui le numéro 92 appartenait, au XVIe siècle, à la famille des Poissonnet, dont plusieurs membres furent ou conseillers au bailliage ou chanoines de Sens. Juste en face, est la maison de l'ancien Chapeau-Rouge qui, nous l'avons vu, était passée, au XVIe siècle,
aux mains des Fauvelet. Ce voisinage explique peut-être
pourquoi les deux sœurs, Colombe et Paule Poissonnet,
épousèrent les deux frères : Claude, élu en l'élection de
Sens, et Guillaume Fauvelet, receveur des tailles en ladite
élection. Un des fils de Colombe, Antoine Fauvelet, hérita
de la maison maternelle qui, jusqu'à la Révolution, se
transmit à ses descendants : Antoine Fauvelet de Château-
Maget, conseiller au présidial de Sens (1719), Claude-Pierre-
Antoine Fauvelet de Montbard, et Perrette-Colombe Fauvelet qui l'apporta en dot à son mari Jean-Charles de Bonnaire. Le 20 nivôse an III, M. de Bonnaire vendit cette
maison au citoyen Claude Trempé, marchand boucher, qui
la céda lui-même, le 8 floréal an IX, à un marchand de Vil-
lebougis, Jean-Gabriel Chollet (3).

C'est à côté de cette maison, sur l'emplacement du numéro 94, que se trouvait au XIVe siècle, en face l'Image
Saint-Paul, le « celier aux Biautés » (4). Aujourd'hui, au

(1) « Philibert Blenon, cordonnier, a payé la censive d'une bertauche derrière sa maison, ayant yssue en la court de la Souche,
I d. p. » (Arch. Yonne, E 303, fol. 15 v°.)
(2) *Cartulaire sénonais de Balthazar Taveau* (édit. Julliot), p. 141.
(3) Titres communiqués par M. Pléau, propriétaire actuel, par l'intermédiaire de feu M. Sépot.
(4) Voy. *supra*, p. 38.

fond d'une petite courette, on y voit un puits et une tourelle
d'escalier du xv° siècle, dont la porte, remaniée au
xvi° siècle, offre des armoiries effacées (1). Cette tourelle
paraît avoir fait partie autrefois d'un immeuble sis au
n° 96, qui était au xiv° siècle « l'ostel du Compasseur » (2).

23. — LE BERCEAU DES TARBÉ

C'est en 1660 que le confesseur de Louis XIV, plus tard
archevêque de Paris, Hardouin de Beaumont de Péréfixe,
lors d'un voyage à Saint-Jean-de-Luz où il accompagnait
le Roi, remarqua un jeune élève du séminaire de Bayonne,
Bernard Tarbé, et se l'attacha comme secrétaire. A la mort
de l'archevêque, Bernard Tarbé passa au service du neveu de son protecteur, Hardouin Fortin de la Hoguette qui,
lors de sa nomination à l'archevêché de Sens, en 1685,
l'amena avec lui dans cette ville où les Tarbé devaient
bientôt conquérir droit de cité.

M. Landry, qui a raconté l'histoire et la rapide fortune
de cette famille (3), ne dit point dans quelle maison Bernard
Tarbé se fixa. Nous verrons plus loin que son fils, Charles-
Hardouin, possédait dans la Grande-Rue, aux deux coins
de la rue des Bourses, deux maisons qu'il tenait du chef de
sa femme (4), et qu'il habitait dans la rue du Plat-d'Etain-
d'en-Haut. Mais sa maison d'habitation, où naquirent les
quatorze enfants que lui donna Anne Dubecq, ne put les
abriter tous quand ils se furent établis, et Louis-Hardouin,
après avoir épousé Catherine-Colombe Pigalle, alla se fixer
dans une maison de la Grande-Rue, non loin de la rue du
Cheval-Rouge, aujourd'hui rue Rigaud.

Vers 1780, en effet, Pierre-Hardouin Tarbé, l'imprimeur,
possédait l'immeuble portant alors le n° 52 et un de ses

(1) On y distingue un arbre accosté de deux oiseaux.
(2) Voy. *supra*, p. 41, n. 3.
(3) LANDRY (Ernest), *Les Tarbé, généalogie-biographie.* (Sens, Mi-
riam, 1902; 163 p. in-8°; tiré à cent exemplaires.)
(4) Voy. *infra*, p. 57 et 60.

frères, qui était orfèvre, occupait le suivant (n° 53) (1). Quel est l'emplacement de cette maison ? Alors que, d'après le manuscrit H 361, il y avait à cette époque neuf maisons entre le logis des Fauvelet, dont nous avons parlé plus haut (autrefois n° 46, aujourd'hui n° 92), et la rue du Cheval-Rouge, on n'en compte plus actuellement que sept. Nous supposons que la maison d'angle de la rue du Cheval (autrefois n° 55, aujourd'hui n° 106) a dû disparaître en partie, comme frappée d'alignement, et que les deux maisons voisines occupées par les frères Tarbé ne faisaient en réalité qu'un seul corps de logis, partagé entre les deux frères et reconstitué à nouveau plus tard dans la même main.

La maison de Pierre-Hardouin Tarbé serait donc l'une de celles qui portent les n°s 102 ou 100. Nous ignorons si, après avoir acheté, en 1762, de M. Pelée de Varennes, la vieille imprimerie sise devant le palais des archevêques, Pierre-Hardouin quitta son ancienne maison pour surveiller de plus près ses ateliers. En tout cas, en 1762, quatre fils déjà lui étaient nés et cette maison fut leur berceau. Arrivés à l'âge d'homme au moment de la Révolution, les fils de Pierre-Hardouin, élevés à l'école du travail et servis par une intelligence rare, allaient jouer un rôle important sur la scène politique ou se distinguer dans les diverses carrières qu'ils embrassèrent : Louis-Hardouin, l'aîné, devint en 1791, à 37 ans, ministre des contributions publiques; Charles, établi négociant à Rouen, fut député de la Seine-Inférieure à la Législative. puis, revenu à Sens, y fut élu aux Cinq-Cents en l'an V; Pierre-Antoine alla chercher et trouva fortune en Amérique; Sébastien-André, dit des Sablons, qui écrivit à 25 ans les *Détails historiques sur le bailliage de Sens*, s'établit imprimeur à Melun dont il fut maire en 1792 et devint plus tard directeur à l'administra-

(1) Arch. Yonne, H 361. Voici la suite des maisons de la Grande-Rue, entre l'ancien n° 46 (aujourd'hui 92) et la rue du Cheval-Rouge, telle qu'elle est indiquée dans ce manuscrit : « 46, Fauvelet; 47, Tabor aîné; 48, demoiselles Bussières; 49; Soubiran; 50, Dumondé; issue Billebault (maison de la rue du Cheval); 51, Heuré; 52, *Tarbé imprimeur;* 53, *Tarbé orfèvre;* 54, Colin; 55, Jouanne, angle de la rue du Cheval-Rouge. »

tion générale des Douanes; Jean-Bernard, dit de Vauxclairs,
mourut inspecteur général des Ponts et Chaussées; Charles-
Hardouin, dit de Saint-Hardouin, entra dans l'armée, fit
les guerres de l'Empire et termina sa carrière en 1819
comme lieutenant-colonel des dragons de la Manche; Sé-
bastien-Prosper acheta une charge de notaire à Paris; seul,
Gratien-Théodore, l'auteur des *Recherches sur l'histoire de
Sens*, demeura dans sa ville natale et continua d'y diriger
l'imprimerie paternelle.

24. — LA MAISON DE SIMÉON DE PROVENCHÈRES

Avec la Pinte finissait, du côté nord de la Grande-Rue,
la paroisse de Sainte-Colombe. La maison de l'angle opposé
(n° 93), à droite en entrant dans la rue du Plat-d'Etain,
était de la paroisse de Saint-Pierre-le-Rond. A la fin du
XVI° siècle et au commencement du XVII°, Florent Levert et
Jean Levert, son fils, tous deux marchands, y faisaient
leur « demourance » (1). La maison, chargée d'une rente
de 24 livres au profit du Chapitre (2), fut occupée après eux
par Dromigny, Sébastien Chenedé, Siméon de Bonnaire, le
sellier Jacques Gaucher (3) et, au XVIII° siècle, Henri Grosset
dont la veuve l'habitait encore en 1780 (4).

Dans la maison suivante (n° 95), qui du temps des Levert était aux mains de Zacharie Daiz (5) et passa ensuite
à Pasquier Delorme, puis au conseiller Nicon, une boulangerie fut installée au milieu du XVII° siècle par Claude Co-

(1) « Jean Levert, marchant, a payé pour sa maison faisant le coing
de la rue du Pot-d'Etain où il fait sa demourance, 1 d. ob. » (1586.)
Arch. Yonne, E 303, fol. 2 v°.

(2) « De M° Jacques Badin et Nicolas Bollogne, notaires royaulx, héritiers de feue Françoise Dufour, vefve de feue Fleurant Levert, et
Jehan Levert, fils et héritier dudit Fleurant, a esté receu la somme de
XXIV livres de rente, constituée à cest office sur une maison assise en
la Grande-Rue, faisant le coing de la rue du Plat-d'Etain, tenant d'un
long et d'un bout à la rue, d'aultre long à Zacharie Daiz et d'un bout
par derrière à Syméon de Provanchères, médecin. » (1597) **Arch.
Yonne, G 1022, fol. 48; voy. aussi G 1013, 1014, etc.**

(3) Biblioth. de Sens, manusc. 52, fol. 64.

(4) Arch. Yonne, H 361, n° 150.

(5) Arch. Yonne, E 303, fol. 2 v° et *supra*, p. 50, n. 2.

gnard. Il légua sa maison aux religieux de la Piété-de-Ra-
merupt (Aube) qui la revendirent, par contrat du 21 mai
1717 devant Pelée, à un autre boulanger Claude Bizard.
En 1743, la veuve de celui-ci, Madeleine Millon, exploitait
encore ce fonds (1), devenu en 1780 la propriété de Jacques
Baillot (2). Ce Baillot allait bientôt trouver, dans la spécu-
lation sur les biens nationaux, un revenu meilleur que celui
de son fournil. Dès 1791, il devint un habitué des séances
d'enchères et râfla de nombreux domaines, à Sens, à Saint-
Denis, à Paron, à Collemiers, à Grange-le-Bocage, à Saint-
Martin-sur-Oreuse (3).

L'immeuble de la quincaillerie Dupêchez (n° 97), en
retrait par suite d'alignement, occupe l'emplacement de la
demeure de Siméon de Provenchères. L'exemple de ce médecin fameux est fait pour nous guérir de l'orgueil et nous
enseigner l'humilité. Qui le connaît aujourd'hui à Sens ?
Pas même une plaque de rue ne porte son nom et, cependant, il fut, au commencement du XVIIe siècle, l'homme
le plus célèbre et le plus glorieux de la cité. Quand on ap-
prit à Sens, en 1617, qu'il était mort à Paris au cours d'un
voyage, ce fut, à en croire ses panégyristes, un deuil public.
Pour commémorer sa mémoire, l'élite sénonaise lui com-
posa un « tombeau », où, en vers latins et français, furent
chantés ses mérites et sa science. La Bibliothèque d'Auxerre
possède le recueil, imprimé chez Niverd et aujourd'hui ra-
rissime, des poésies composées à cette occasion (4). Elles
sont signées des noms les plus connus de Sens, d'avocats,
de magistrats, d'ecclésiastiques (5), et même, tant la supé-
riorité de Provenchères était incontestée, de ses collègues,

(1) Arch. Yonne, G 1365; Biblioth. de Sens, manusc. 52, fol. 64 v°.
(2) Arch. Yonne, H 361, n° 149.
(3) Voy. PORÉE (Ch.), *La Vente des Biens nationaux dans le District
de Sens* (passim).
(4) *Clarissimi viri Simeonis Provencherii, medici regii et Senonensis,
tumulus.* (Senonis, apud Georgium Niverdium, bibliopolam juratum
sub signo Spei.) (Biblioth. d'Auxerre, Coll. départ., D 98, IV, pp. 55-136.)
(5) Notamment de Jacques Taveau, Jérôme Maulmirey, Claude Marcelat, Pierre de La Chaussée, Louis Levuyt, N. Haton, Jacques Juti-
gny, Jérôme Lhermitte, Gabriel Luquin, Baltazar Malherbe, Pierre Méresse, avocats ou conseillers au bailliage ou en l'élection, Jean Baltazar, avocat à Paris, François Belotin, beau-frère de Provenchères,
Michel Poutey, chanoine théologal de Sens, Guillaume Arnoul, doyen

médecins et chirurgiens, Edme de la Faye, Michon, Montsainct, Millecent et Guillaume Sybille, le médecin du prince
de Condé. Les deux quatrains suivants d'un sonnet de
l'avocat Méresse montrent le ton des éloges décernés au défunt. L'excès en ferait sourire aujourd'hui, mais on était au
temps du gongorisme et des débuts de l'hôtel de Ram-
bouillet :

> Si l'art de Médecine a tant faict admirer
> Les hommes qui premiers en ont eu cognoissance
> Que, jugeant ses effectz hors l'humaine puissance,
> On a creu les debvoir comme Dieux adorer ;
>
> De quelle autre façon pourrons-nous honorer
> Le docte Provenchères, à qui cette science
> Doibt sa perfection, tant pour l'expérience
> Que ses rares écrits qui la font décorer ?

De ces « rares écrits » nous ne possédons plus aujour-
d'hui qu'une traduction, en vers latins, des *Aphorismes*
d'Hippocrate (1), et une traduction, en prose française, du
Lithopœdium portentosum de d'Ailleboust, qu'il avait as-
sisté en 1582 à l'autopsie de Colombe Chatry (2).

Siméon de Provenchères était originaire de Langres.
L'avocat Baltazar nous apprend qu'il étudia à Paris, à Tou-
louse et à Montpellier (3). Mais nous ne saurions rien des
raisons qui le firent se fixer à Sens, si l'histoire même de

du Chapitre; Charles Norblin, docteur en théologie; Jean Fréteau,
curé de Saint-Romain, Nicolas Couste, lieutenant particulier du bailliage; Barthélemy de Provenchères, frère du défunt; Nic. Leriche,
Eracle Cartault, N. Le Virloup, procureur; E. Guichard, Claude Laurent, promoteur ès cours ecclésiastiques, etc.

(1) *Aphorismorum Hippocratis enarratio poetica, authore Simeone
Provencherio, medico regio...* (Senonis, ex officina Georgii Niverd, 1603.)

(2) *Le prodigieux enfant pétrifié de la vile de Sens avec   et
briefve question problématique des causes naturelles de l'induration
d'icelluy, le tout traduit de latin en françois par M. Siméon de Provenchères, médecin en ladite ville, et accreu de son opinion sur ledit pro-
blème.* (Sens, Savine, 1582.)

(3) « Paris, le Languedoc, Montpellier, la Provence
      Furent le doux séjour de son adolescence.

      . . . .

      .....Là (à Sens), près de quarante ans,
      Il a faict recognoistre comme il estoit sçavant...

la maison qu'il habita (1) ne nous renseignait à ce sujet. Zacharie Daiz, le marchand établi au n° 95, en passant reconnaissance de sa maison en 1591, déclare en effet qu'elle tient « d'un long à Jean Levert, d'autre long et par derrière à M⁰ François Belotin, greffier au siège de Langres » (2). Or, la femme de Siméon de Provenchères était une Jeanne Belotin (3). C'est donc à Langres, où François Belotin s'était fixé après la suppression de sa charge de receveur des deniers communaux de la ville de Sens (4), que Provenchères connut la fille du greffier, et c'est après son mariage qu'il vint s'établir à Sens dans la maison de son beau-père, vers l'année 1577.

La maison de Siméon de Provenchères passa après lui au conseiller au bailliage Claude Moncourt (1619), à Mathieu Cherchedieu (1686), à Pierre de La Rivière (1743), etc. (5). Elle avait des dépendances qui s'étendaient jusqu'à la rue du Plat-d'Etain (6). Quand ces dépendances en furent séparées, un couloir de quatre toises de long sur quatre pieds de large fut pratiqué pour les desservir sur la Grande-Rue. Le 23 frimaire an V, l'horloger Transon se rendait acquéreur de ce passage moyennant 288 livres (7).

25. — LA SELLERIE, LA LORMERIE ET LE COIN DE L'ÉPERON

Au Moyen Age, les artisans et les commerçants, réunis en corporations et en confréries pour la défense de leurs intérêts ou les pratiques de leur piété, étaient également groupés, pour l'exercice de leur métier ou de leur négoce, dans un même quartier de la ville, une même rue. C'est ainsi qu'à Sens, il y avait la Charronnerie, la Serrurerie, la Van-

---

(1) Voy. *supra*, p. 50, n. 2.
(2) Arch. Yonne, G 1365.
(3) Voy. dans le recueil consacré à Provenchères les vers du doyen Arnould *In obitum D. Joanne Belotinæ, lectissimæ feminæ, uxoris ornatissimæ V. D. Provench.*, et ceux de François Belotin, qualifié « *D. Provench. frater uxorius* ».
(4) *Cartulaire sénonais de Baltazar Taveau*, p. 29.
(5) Arch. Yonne, G 1365.
(6) Voy. *supra*, p. 50, n. 2.
(7) Arch. Yonne, Q 215, p. 305; PORÉE, *op. cit.*, II, p. 195, n° 1814.

nerie, la Poterie, la Draperie, la Friperie, la Corderie, la
Parcheminerie, la Cordonnerie, la Sellerie, la Lormerie, la
Boucherie, la Triperie, la Rôtisserie, la Poissonnerie, la
Gastellerie et, hors les murs, la Tannerie et la Blanchisserie.

Aux XIIIe et XIVe siècles, les selliers et les lormiers étaient
groupés dans la Grande-Rue, entre la rue du Cheval-Rouge
et la rue Couverte. Plusieurs maisons sises dans cette partie
de la Grande-Rue sont dites en effet « en la Sellerie », « en
la Lormerie », parfois aussi « en la Cordonnerie » (1), et
c'est là que se voyaient les enseignes typiques de l'Eperon
et des Trois-Etriers. Les lormiers travaillaient ce qui, dans
le harnachement du cheval, est de métal : les mors, les
étriers, les éperons; les selliers fabriquaient selles, sambucs
et cacolets de cuir, laissant aux bourreliers la confection
des autres pièces, plus grossières, des harnais des chevaux
de trait.

Selliers et lormiers devaient avoir des ouvroirs fort acha-
landés, à une époque où le cheval était le moyen de trans-
port le plus rapide. Mais, dès le XVe siècle, leur industrie
cessa d'être localisée dans la Grande-Rue. Ce quartier resta
cependant le centre des industries de luxe et nous y rencon-
trerons des boursiers, des couturiers, des chapeliers, des cordonniers, des pelletiers, des orfèvres, des chasubliers et des
brodeurs, en un mot tous les artisans du vêtement et de la
parure.

Au XVIIIe siècle, la maison d'angle de la rue du Cheval-
Rouge (n° 108) gardait encore le souvenir d'un ancien lormier. Bien que l'*Eperon* qui lui avait servi d'enseigne eût
depuis longtemps disparu, on l'appelait toujours « la maison du Coin de l'Eperon », et c'est sous cette dénomination
qu'elle figure dans la reconnaissance qu'en passait, en 1742,
le maître chirurgien Savinien Michel à M. Paul Delpech,
écuyer, seigneur de Chaumot (2). La maison, ainsi que les
deux suivantes, relevait de la censive dite de Chanteprime,
dont M. Delpech était alors possesseur. La maison de l'Epe-

---

(1) « Domus lignea sita in magno vico, *in Loremeria*, ante domum
lapideam que olim fuit Roberti de Feritate, sita in censiva Capituli
Senonensis. » (1249) (Arch. Yonne, G 731). Voy. *infra*, p. 68, n. 3.

(2) Arch. Yonne, E 337, fol. 19.

ron comprenait autrefois les n°ˢ 108 et 110, et ce n'est qu'à la mort de François Dedron, maître perruquier, qu'elle avait été partagée entre ses enfants : le coin (n° 108) échut à Marie Dedron, dont le mari, François Huet, perruquier à Mantes-sur-Seine, le vendit à Savinien Michel, tandis que le fils du perruquier sénonais continua d'exploiter le fonds paternel dans l'autre moitié de la maison (n° 110). En 1742, François Dedron était mort et la maison appartenait à Philippe Dupré, « intendant des affaires de Mgr l'Archevêque » (1). Le boulanger Claude Jossey était alors établi au n° 112, dans une maison qu'avait possédée avant lui Pierre Boucher, bourgeois de Sens, au xvᵉ siècle, Jacques Vyé, marchand, au xvıᵉ Savinien Guichard au xvıı° (2).

26. — LA MAISON DES URSULINES

L'étroit logis qui porte aujourd'hui le n° 114 était, du temps de Jossey, la propriété des religieuses Ursulines, auxquelles Jeanne Vyé, fille du marchand installé dans la maison voisine, l'avait légué au milieu du xvııᵉ siècle. C'était alors, comme aujourd'hui, une « petite maison, consistant [seulement] en une boutique sur la rue, chambre haute et grenier dessus ». Très anciennement, elle avait appartenu à Guillaume Chanteprime, à son fils Jean, puis à son gendre

(1) Arch. Yonne, E 337, fol. 25.
(2) *Ibid.*, E 357, fol. 21. Claude Jossey reconnaît tenir, en 1742, « une maison de fond en comble, Grande-Rue, paroisse Saint-Pierre-le-Rond, consistante en deux boutiques sur le devant, deux chambres basses, deux gardes robes entre les deux, deux chambres hautes, un cabinet attenant, grenier dessus, cave sous lesdits bâtiments, cour, puits en icelle, cuisine, étable, chambre coye et petit corps de logis regardant ladite cour, vinée attenant ledit corps de logis, galerie au-dessus, tenant le tout d'un long, d'orient, aux sieurs Robert Blesnon et Louis-Robert Blesnon, son fils, marchands à Sens, et aux dames Ursulines de Sens, d'autre à la veuve François Dedron, d'un bout, du midy, par derrière aux héritiers de dame Marie Villiers, veuve de Mᵉ Nicolas Poirat, d'autre, par devant, à ladite Grande-Rue ; et enfin une place fermée de murailles par le devant, faisant deux petites haches, rue du Cheval-Rouge, tenant d'un long, du midy, à ladite dame veuve Poirat, d'autre à Etienne Godard, d'un bout, d'orient, à la maison cy-dessus et d'autre bout à ladite rue du Cheval-Rouge, duquel costé est l'entrée de ladite place. »

Charles Chaligault, seigneur de Crosnes et d'Etiolles et secrétaire du Roi. Ruinée au XVᵉ siècle, il n'en restait plus
que la place en 1477, quand Pierre Voisin l'acquit de Chaligault (1).

La maison, vu son exiguïté, n'était chargée que d'un denier de cens. Mais le plus clair profit des seigneurs qui
jouissaient d'une censive était bien moins le produit dérisoire des cens — qui dépassaient rarement quatre deniers
pour des maisons d'une étendue considérable — que celui
des lods et ventes, perçus à chaque mutation des tenanciers. Or, la maison étant passée aux Ursulines, le seigneur
de Paron allait se trouver frustré de ces droits. Les feudistes avaient prévu ce cas et, quand il se présentait, l'établissement de main-morte qui devait le cens choisissait,
pour le représenter, un homme à la mort duquel les droits
étaient dus. A ce système de « l'homme vivant et mourant »,
les Ursulines préférèrent une sorte d'abonnement, et, pour
tenir lieu des lods sur cette maison, elles servaient chaque
année au seigneur de Paron une rente de 20 sols (2).

Au cours des XVIIᵉ et XVIIIᵉ siècles, la maison fut louée
successivement à un boulanger Etienne Collesson (3), à un
mégissier Jean Faisant, à sa femme Adrienne Papillon, à
un bonnetier, Simon Blanche, à un chapelier Louis Modin (4), puis à un tailleur, Coquille, qui l'occupait en l'an III

---

(1) « Pierre Voisin, pour sa plasse ou soulloit avoir maison, assise
à Sens, en la parroisse de Saint-Père-le-Rond, tenant du long d'un
costé à Etienne Mangout, et d'aultre costé du long à Pierre Boucher,
borjois de Sens, et par darrière à Guillaume de Dicy, et par devant au
pavé réal. Et fut depuis à maistre Guillaume Chanteprime et depuis à
maistre Charlles Challigault, seigneur de Crosnes et d'Estiolles et notaire et secrétaire du Roy et à demoiselle Charlotte Chanteprime sa
femme, I d. p. » (année 1477.) (Arch. Yonne. E 300, fol. 13.) « Une denier de cens sur une maison en la Grande-Rue, qui jadis fut à Edme
de Bierne, filz de Tristande Voisin, fille de feu Pierre Voisin, tenant
d'un long à la maison où pend pour enseigne le *Dauphin*, que tient à
présent Jehan Guérard, d'aultre à ..., d'un bout à Pierre de S. Martin
et Nicolle Ferrand, sa femme, à cause de maistre Estienne Lelasseur,
son ayeul, au lieu de Pierre Dauffigny. » (*Ibid.*, E 302, fol. 6 v°.)

(2) Arch. Yonne, H 978 (acte de 1771).

(3) « Estienne Collesson, boullanger, ayant ses droitz de dame Marie Buisson, veuve de feu Jacques Vyé, a recounu estre debtenteur ...
d'une maison ... tenant d'un long au logis du *Grand-Dauphin* appartenant à Louis Jullian marchant, d'aultre aux héritiers dudit feu Jacques Vyé. » (Arch. Yonne, E 304, fol. 11.)

(4) Arch. Yonne, H 978.

moyennant un loyer annuel de 100 livres (1). Devenue bien national, elle fut alors adjugée, le 25 thermidor de cette année, à un fripier François Narjot, pour la somme de 36.100 livres. Ce chiffre paraît fort élevé; mais l'assignat de 100 livres était alors tombé à 3 livres 15 sous, en sorte que le prix réel doit être réduit à 1.353 livres 15 sous. Le fripier ne paya même pas cette somme; comme il avait six mois pour se libérer entièrement, il attendit sans doute que l'assignat baissât encore et, six mois après, 100 livres de papier valaient 11 sous !

27. — LE COIN OCCIDENTAL DES BOURSES

La maison du coin occidental des Bourses (n° 107) appartenait, nous l'avons vu, à Charles-Hardouin Tarbé au commencement du XVIII° siècle. Son grand-père maternel, le marchand Robillard, avait tenu boutique non loin de là, au n° 99 (2).

La maison de Tarbé lui était advenue du chef de sa femme, Anne Dubecq, la fille du propriétaire des Deux-Barbeaux (3). Elle avait appartenu à la fin du XV° siècle à Pierre Voisin, le marchand enrichi, allié aux Col et leur successeur dans la seigneurie de Paron. « Et fut paravant, porte un censier de 1477, à Adam de Villemer à cause de Colombe, sa femme, et depuis à Thomas Thiboust, borjois de Paris (4). » Après Voisin, Nicolas Pesnot, apothicaire et

(1) *Ibid.,* Q 196, fol. 107, et PORÉE, *op. cit.,* n° 1760.

(2) Arch. Yonne, H 361, n° 146.

(3) Ch.-H. Tarbé reconnaît, le 28 juin 1738, tenir, « comme étant aux droits du sieur Eustache Dubecq, qui étoit fils et héritier du sieur Pierre Dubecq son père », une maison « tenant d'un long, d'orient, à la rue Marchechien, actuellement dite rue des Bourses, d'autre et d'un bout au sieur Florent Martin, et d'autre du midi à la Grande-Rue. » (Arch. Yonne, E 305, fol. 7 v°.)

(4) « Pierre Voisin, pour sa maison assise en la parroisse de Saint-Père-le-Rond, en la Grant-Rue, tenant du long et faisant le coing à une rue par laquelle on va d'icelle Grant-Rue à la grant Maison-Dieu appellée la rue de Lion-Mangue-Chien et de l'aultre long à Guillaume Tribollé; et fut par avant à Adam de Villemer à cause de Colombe, sa femme, et depuis à Thomas Thiboust, à cause de sa femme, borjois de Paris, II d. p. » (Arch. Yonne, E 300, fol. 12 v°.)

cirier, s'y enrichit à débiter des cierges et des drogues. Sa fille, Marie Pesnot, ayant épousé Jean Cartault, conseiller au bailliage, celui-ci la vendit à un marchand, Gilles Clément, qui en passait reconnaissance en 1579 (1). Deux siècles après, Antoine Duval (2) avait succédé à Tarbé dans cette maison, soit par héritage, soit par acquisition.

Au commencement du xvᵉ siècle, Guillaume Tribollé, prévôt de Sens, sur lequel nous reviendrons plus tard, reconnaissait devoir au seigneur de Paron quatre deniers de cens « pour sa masure et plasse ou soulloit avoir maison, assise en la Grant-Rue, tenant d'un costé à Colin Précy et d'aultre costé à Adam de Villemer, par derrière audit Guillaume Tribollé, abotissant par derrière à la rue de Lion-Manguechien » (3). Sur ce terrain s'élève aujourd'hui une maison dont le grand pignon est commun aux nᵒˢ 103 et 105.

Thomas Tribollé, fils de Guillaume, que ses charges de grenetier de Château-Thierry, puis de secrétaire du Roi ( ), éloignèrent de Sens, vendit en effet « masure et plasse » à Perrin Pléart et, à la mort de celui-ci, la maison qu'il avait construite se trouva divisée entre son fils, Jean Pléart, qui en garda la partie occidentale, et Jean Treillault, son gendre, à qui échut l'autre moitié (5). Pendant deux siècles, cette moitié (nᵒ 105) devait rester la propriété de cette famille, puisque, en 1738, la veuve du pâtissier Laurent Godard, Marie-Lavenue, qui la possédait alors, déclarait l'avoir acquise de « dame Anne Treillault » (6).

---

(1) « Deux den. par. de cens sur une maison ... faisant ung coing de rue devant le logis du *Daulphin*, laquelle appartint jadis à Pierre Voisin et de présent à [Gilles Clément] au lieu de Nicolas Pesnot, tenant d'un long à Jehan Treillault, d'aultre long à la rue antierement dicte Marchedieu allant de la Grande-Rue droict à l'Hostel-Dieu ... Gilles Clément, marchant, ... a confessé (en 1579) estre détenteur de la maison mentionnée en l'article ci-dessus, ... à cause d'acquisition par luy faicte de noble homme Mᵉ Jehan Cartault, conseiller du Roy audit Sens et Marye Pesnot, sa femme. » (Arch. Yonne, E 302, fol. 6.)

(2) Arch. Yonne, H 361.

(3) *Ibid.*, E 300, fol. 18.

(4) *Ibid.*, G 1355, et Quesvers et Stein, *op. cit.*, I p. 442.

(5) *Ibid.*, E 300, fol. 18.

(6) *Ibid.*, E 305, fol. 9 vᵒ. On peut établir aussi que la maison nᵒ 101, qui était, ainsi que le nᵒ 99, de la censive du Roi, appartenait au xvᵉ s. à Colin Précy (E 300, fol. 18), en 1572 à l'orfèvre Balduc (E 302, fol. 6), en 1780 à Dumondé (H 361).

28. — LA HURE OU LA MAISON DES HERBELINS

A l'angle opposé de la rue des Bourses, des fripiers étaient installés au XIIIe siècle, en sorte que cette partie de la Grande-Rue était parfois appelée *rue de la Friperie* (1). Cette dénomination apparaît même encore au commencement du XVe siècle, alors que, depuis cent ans déjà, Girart le Fripier avait quitté la maison d'angle de la rue des Bourses (n° 109). Après lui, Etienne, puis Alexandre Lemire la possédèrent. En 1394, elle était appelée la maison de la *Hure* (2) et occupée par Colot Parisot (3). Un maréchal, Jacques le Lordelat, s'y établit vers 1415 et, par son fils Gilles, religieux de Saint-Rémy, elle passa à cette abbaye dont l'abbé la baillait à rente en 1446 à un couturier, Antoine Brochart (4).

De la fin du XVe siècle jusque vers 1630, ce fut la *maison des Herbelins*. Jacquin Herbelin, son fils Fiacre, son gendre Jean Chesneau, son petit-fils Aubin Herbelin, le gendre de

(1) « Remi Maulmiré, marchant, pour son jardin séant derrière une maison faisant le coing de la *rue de la Freperie* de Sens et de la rue Saint-Léon-Mangiechien, laquelle maison appartint à feu Colot Parisot et par avant à feu Alexandre le Mirat et à Girart le Frepier. » (1433) (Arch. Yonne, E 297, fol. 2.)

(2) Arch. Yonne, H 360, n° 1 et H 297.

(3) « Domum que quondam fuit defuncti Coloti Parisot, sitam Senonis, facientem angulum vici Bursarum et Magni Vici, contiguam ab una parte orto qui quondam fuit Remigii Maulmyre dum vivebat et nunc est Johannis Maulmyre, et ab alia parte domui nostre quam tenebat a nobis dictus defunctus Remigius Maulmyre dum vivebat et nunc tenet quidam nuncupatus Brideine. » (année 1445.) (Arch. Yonne, H 297.)

(4) « Anthoine Bruchart, cousturier, pour sa maison où il demoure de présent, assise en la Grant-Rue, en la parroisse Saint-Pierre-le-Ront, tenant par devant à ladicte Grant-Rue, par l'ung des costez à une rue par laquelle on va de ladicte Grant-Rue à la grant Maison-Dieu de Sens, d'autre costé à une maison appartenant à Messieurs de Chappitre, en laquelle demoure à présent Jehan Bridaine, bourcier, et par derrière à une maison appartenant à Jehan Bapaulme, qui par avant fut à feu Jehan Maulmiré; laquelle maison il a acquestée des religieux de Sainct-Rémy de Sens et lesdits religieux de frère Gilles Le Lordelat, religieux de ladicte abbaye, filz de Jaques le Lordelat; et fut par avant feu Colot Parisot. » (Arch. Yonne, E 297, fol. 76; voy. aussi G 766, 1359, E 297, fol. 3, H 308, fol. 10 v°, etc.)

ce dernier, Edme Lagrange, y fabriquèrent et y vendirent, pendant près de cent cinquante ans, selles, bâts, brides, bridons, licols et autres objets de sellerie (1). En 1678, la vieille maison des Herbelins était fort délabrée; un entrepreneur de bâtiments, Pierre Charpentier dit Lapierre, passa alors marché pour y faire les réparations nécessaires, moyennant 450 livres d'argent et une feuillette de vin. L'année suivante, Pierre Dubecq prenait à bail à rente la maison réparée, et son gendre, Charles-Hardouin Tarbé, en devenait propriétaire en 1743, en rachetant pour 840 livres la rente foncière de 28 livres dont elle était chargée. Madeleine-Dominique Tarbé l'eut en partage à la mort de son père, et son mari Claude Epoigny la vendit, par acte du 25 mai 1770 devant Cave, à un coutelier, François Vacher (2).

29. — LE GRAND-DAUPHIN

L'enseigne du Dauphin constituait, dans l'ancienne France, une sorte d'hommage envers le fils aîné du Roi. Pas une ville, peut-être, qui n'eût alors son Dauphin et la signification loyaliste de cette enseigne se précisait parfois de façon plus explicite, comme à Tonnerre où le Dauphin traditionnel était devenu, au xvi⁰ siècle, l'*Esnel de France* (3).

A Sens, l'hôtellerie du *Dauphin* ou du *Grand-Dauphin* fut pendant deux cents ans florissante, depuis le milieu du xv⁰ siècle jusqu'à sa disparition dans les premières années du xvii⁰. Le xvi⁰ siècle fut l'époque de ses beaux jours. Alors tous les personnages marquants, de passage à Sens, descendirent là ou à la Levrette. Le Chapitre avait coutume d'aller les saluer à leur hôtellerie et de leur offrir un présent de vin ou de gibier. Les dépenses faites à cette occasion

(1) « Jaquin Herbelin pour sa maison assise en la Grant-Rue *devant le Daulphin,* tenant d'une part à Pierre Leclerc, d'autre part et par devant au pavé royal et par derrière à la maison de Jehan Desportes où pend pour enseigne la *Croix-Verte,* qui fut à Pierre Gauthier et par avant à messire Jehan Bapaulme. » (année 1485). Arch. Yonne, E 298. fol. 14, 4°, 59 v°, 67, 78, 95 v°.)

(2) Arch. Yonne, H 362, fol. 91.

(3) *Ibid.,* E 650, p. 203.

figuraient dans les comptes, et c'est ainsi que nous pouvons connaître quelques-uns des plus illustres voyageurs qui descendirent au Dauphin. Citons, au hasard, le lieutenant du bailli de Melun en 1506 (1), le cardinal Georges d'Amboise, archevêque de Rouen en 1524 (2), l'archevêque de Bourges, François de Tournon, en 1526, le lieutenant civil de Paris la même année (3), le doyen et l'archidiacre de Nevers en 1540 (4), le lieutenant général du bailli de Troyes en 1541 (4), l'évêque de Paris Jean du Bellay en 1544 (5), le cardinal de Lenoncourt en 1551 (6), Jacques Amyot, évêque d'Auxerre, en 1584 (7), etc., etc.

Le Dauphin occupait l'emplacement des numéros actuels 116 et 118. Ne pouvant s'élargir en façade sur la rue où la place était précieuse et disputée, il s'enfonçait en profondeur. Son grand portail, ouvert juste en face la rue des Bourses (n° 116), donnait accès à une série de bâtiments et de dépendances, prolongés sur une longueur de plus de 20 toises, c'est-à-dire d'environ 40 mètres, jusque dans une cour qui avait issue rue Haut-le-Pied (8).

Lors de la disparition de l'hôtellerie, un marchand de grains, Blénon, installa ses approvisionnements dans la partie occidentale (n° 116). Une de ses descendantes, Anne-Madeleine Blénon, apporta la maison à son mari, Jacques-Edme Soubiran, greffier en chef du grenier à sel de Sens, qui, par contrat du 17 septembre 1772, la vendit à un tapissier, Nicolas-Pierre Perrin (9). L'autre moitié de l'hôtel-

(1) Arch. Yonne, G 782.
(2) *Ibid.*, G 998.
(3) *Ibid.*, G 999.
(4) *Ibid.*, G 1005.
(5) *Ibid.*, G 1007.
(6) *Ibid.*, G 1010.
(7) *Ibid.*, G 1013.
(8) Voy. la note ci-dessous.
(9) Perrin reconnaît, en 1782, être possesseur « d'une maison de fond en comble, Grande-Rue, paroisse Saint-Pierre-le-Rond, consistant en une boutique sur ladite rue, chambre et cuisine au bout, dans laquelle cuisine est un puits, sous ladite boutique une voûte, et au-dessus desdites boutique et chambre une grande chambre dans laquelle est un cabinet pratiqué avec une cloison de planches, grenier au-dessus, deux cabinets et grenier au-dessus de la cuisine, une gallerie conduisant à toutes lesdites pièces au premier étage, autre chambre contiguë auxdits cabinets et gallerie donnant sur la cour; cabinet à côté,

lerie (n° 118) fut achetée par Jacques Bernard, archer du guet, et son fils, Germain, y installa sa boutique de chapelier (1). Dans la suite, la maison passa à l'apothicaire Nagent, puis à son successeur et gendre, Melchior Soulélion (2). Associé à un nommé Pommier, Soulélion imagina pour son officine une enseigne-rébus où, au-dessous de deux lions, un pommier étendait ses branches (3). Cette enseigne, qui devait se lire Pommier-Soulélion, subsista jusqu'à la Révolution.

au-dessus du portail, grenier au-dessus; autre corps de logis consistant en une salle, chambre à coucher dans laquelle il y a une alcôve formant un cabinet et garde-robbe, et un petit escalier à côté dudit cabinet qui conduit à une chambre et grenier au-dessus; à côté duquel escalier est une autre pièce servant ci-devant de serre dans laquelle il y a des fourneaux; à la suite de laquelle chambre est une écurie, voûte et caveau dessous, grenier dessus, un cellier ayant son issue dans une cour, commune avec les héritiers de M. Jodrillat et la demoiselle Sallot, laquelle cour donne sur la rue Haut-le-Pied; au bout dudit corps de logis un autre bastiment donnant sur le jardin, consistant ledit bastiment en une cave, chambre au rez-de-chaussée, grenier au-dessus; autre aile du bastiment du costé du levant consistant en une petite cuisine, un petit sallon à manger attenant duquel est un petit cabinet; au-dessus de laquelle cuisine et sallon il y a deux petits cabinets sans plancher; une grande vinée, attenant desdits cuisine et jardin, au-dessus de laquelle est un grand grenier, porte cochère donnant sur la Grande-Rue et ledit jardin au midy, entouré de murs, dans lequel sont les latrines, tenant la totalité desdits bastiments d'un long d'orient au sieur Soulelion, Pommier et autres, d'autre aux dames Ursulines et autres, d'un bout du midy à ladite veuve Auger, le sieur Gontier, la demoiselle Sallot et à deux ruelles ou passages communs, d'autre du nord à la Grande-Rue. » (Arch. Yonne, H 362, fol. 59.) Voy. aussi *supra*, p. 56, n. 1 et 3.

(1) Arch. Yonne, H 358, fol. 24 v°

(2) « Melchior Soulelion, marchant apotiquaire, ancien juge consul, représentant les héritiers Nagent » reconnaît être détenteur « d'uie maison faisant anciennement partie de l'hôtel du *Dauphin*, occupée par le sieur Perrin vis-à-vis la rue des Bourses, consistant en une boutique, une chambre basse, deux chambres hautes, grenier dessus et cave dessous, passage de six pieds de largeur au levant commun avec la veuve Vaudiquet, petite cour, cuisine dans le fond, puits en icelle commun avec ladite dame Vaudiquet, tenant la totalité du levant à ladite veuve Vaudiquet et au passage commun, d'autre au sieur Perrin, du nord à la Grande-Rue sur laquelle ladite maison a vingt pieds, non compris ledit passage, du midy au sieur Perrin. » (Arch. Yonne, H 362, fol. 61.)

(3) TARBÉ, *op. cit.*

30. — SAINTE-BARBE ET LA CROIX-DE-FER

Après la mort de l'orfèvre Charles Vaudiquet, vers 1780, sa veuve, Marie-Françoise Mongenost, offrit avec sa main à Guillaume Pelletier, marchand orfèvre, le fonds de son feu mari (1). Il était installé à côté de l'apothicaire Soulélion, dans la maison portant aujourd'hui le n° 120, que Vaudiquet avait acquise de Marie Dubois, femme Minost, héritière de son aïeul, l'orfèvre Claude Fizabeau (2). Au XVII siècle l'*image Sainte-Barbe* se voyait à la boutique de Fizabeau (3)

Anciennement, cette maison fut dans les mêmes mains que la suivante et toutes deux ont encore aujourd'hui le même pignon. Toutefois, la réunion des deux lots de terrain qu'elles occupent n'était pas effectuée au XV° siècle, car le n° 122, où est installée aujourd'hui la cordonnerie de Sainte-Geneviève, portait alors seule l'enseigne de la *Croix-de-Fer*. Le drapier Guyon en 1524, Pasquet Gaudaire, Etienne Gaudaire et Claude Fauvelet au XVI° siècle, Sébastien Epoigny au commencement du XVII°, Claude Thierriat, procureur en l'officialité, en 1634, possédèrent successivement la Croix-de-Fer (4). Au XVIII° siècle, elle était la propriété de la famille des Balduc, orfèvres de père en fils, qui avaient transféré là leur boutique, installée au cours des siècles, comme nous verrons, dans deux autres maisons de cette partie de la Grande-Rue. Le sieur Tho-

(1) Maison, « tenant d'un long au sieur Thomas, au lieu du sieur Balduc, d'autre du couchant au sieur Soulelion, du nord à la Grande-Rue, du midy à la veuve Perrin. » (Arch. Yonne, H 362, fol. 63.)

(2) Cl. Fizabeau reconnaît posséder, en 1687, une maison tenant « d'un long à M° Claude Thierriat, procureur en l'officialité, d'autre long à Germain Besnard, chappelier ». (année 1687) (Arch. Yonne, H 358, fol. 66 v°.)

(3) Arch. Yonne, H 358, fol. 12 v°.

(4) « De M° Claude Thierriat, procureur en l'officialité, au lieu de Sébastien Epoigny, qui estoit au lieu de Claude Fauvelet, qui estoit au lieu d'Estienne Gaudaire, pour sa maison où pendoit autrefois pour enseigne la *Croix-de-Fer*. » (Arch. de l'Hospice de Sens, E 51, fol. 11.) (année 1634.) Maison de Jean Guyon, drapier, « appelée d'ancienneté l'ostel de la *Croix-de-Fer*. » (*Ibid.*, B. 5, fol. 50.) (année 1524).

mas, qui possédait la maison en 1782 était, comme les Balduc, un orfèvre (1).

« Vénérable et scientifique personne messire Charles Baron », curé de Sainte-Croix, passait reconnaissance, en 1686, aux Pères de la Mission de Versailles (2), de la maison portant aujourd'hui le n° 124. Il la légua à la fabrique de sa paroisse et, en 1725, les fabriciens de Sainte-Croix vendirent au boulanger Nicolas Doz la maison de leur ancien curé. Quelques mois après, par acte du 1ᵉʳ septembre 1726, devant Sulpice Legris, Nicolas Doz achetait du fils du libraire Pierre Maillet, la maison voisine (n° 126), reconstituant ainsi l'héritage des Laurent qui, autrefois, succédant à Savinien Misée (3) et à Jeanne Guérard, à Jean Tenelle et à Claude Jullien, avaient possédé la maison entière (4). L'auteur du « *Livre des Figures* », le greffier

(1) Voy. *infra*, p. 65, n. 2.

(2) Ch. Baron reconnaît posséder, en 1686, une maison « tenant d'un long aux héritiers de feu Mᵉ Isaac Laurent, d'autre long aux héritiers de feu Mᵉ Claude Thierriat, par derrière à la veuve Pierre Dalençon, ... laquelle maison a cy-devant appartenu audit sieur Laurent et auparavant au feu sieur Claude Jullien ». (Arch. Yonne, H 358, fol. 24 v°.)

(3) « Savinien Misée, pour une maison assise en la Grant-Rue, au lieu dit d'ancienneté la Grande-Cordonnerie... En marge : Jehan Tenelle, marchand, a acquis ladicte maison de la veufve Penon » (vers 1535). (Arch. Yonne, H 310.) — « De la veufve Jehan Guérard, pour sa maison assise en la Grand-Rue qui soulloit appartenir à feu Savinien Misée, tenant d'un long à Pasquet Gaudaire, d'autre à la veuve et héritiers M Fiacre Haton, par derrière à Jehan Fauvelet. » (1451). (*Ibid.*, H 309, fol. 40.)

(4) En 1742, Nicolas Doz reconnaît posséder « une maison tenant d'un long, d'orient, audit reconnaissant à cause de la maison cy-après, d'autre au sieur Isaac Balduc, orphèvre, d'un bout par derrière, du côté du midy, à Agnan Baudry, marchand, laquelle maison a été acquise par ledit Doz, par contrat passé par devant Mᵉ Louis Pelée, notaire royal, le 23 décembre 1725 des habitants de la paroisse de Sainte-Croix qui étoient aux droits de Mᵉ Charles Baron, curé de ladite paroisse; ... plus une autre maison, tenant d'un long d'orient au sieur Hubert Genêt, marchand, héritier de Louis Boutet son ayeul, d'autre long et d'un bout par derrière audit Doz, acquise par ledit Doz de Pierre Maillet et son filz, par contrat passé devant Mᵉ Sulpice Legris, notaire, le 1ᵉʳ septembre 1726 ». (Arch. Yonne, E 337, fol. 23.) — « De Pierre Maillet, libraire, au lieu d'Isaac Laurent, au lieu de Simon Martin, pour une maison dans la Grande-Rue... » (année 1726.) (Arch. de l'Hospice, E 106.) — Maison à Nicolas Doz, « tenant d'orient audit Doz, par acquisition faite des hoirs Maillet, d'occident à Balduc le jeune ». (Arch. Yonne, H 297.)

du Chapitre, Claude Laurent, appartenait à cette famille et c'est à la mort d'Isaac Laurent, dans le dernier tiers du xviie siècle, que la maison dut être partagée. Très anciennement, au xve siècle, la maison des Laurent avait appartenu à Guillaume de Savigny, puis à un chapelier, Jean Méline (1). L'héritière du riche boulanger, Anne-Marie Doz, l'apporta à son mari, Pierre Perrin, huissier royal à Sens (2).

La maison de Doz, celle de Vaudiquet et celle du tapissier Perrin, étaient chargées chacune de six deniers de cens envers l'ancienne abbaye de Saint-Rémy. C'est donc certainement l'une d'elles qui, sise en la Cordonnerie et précisément chargée d'un cens de six deniers, était louée en 1228 à Jean Rameau, cordonnier, moyennant six livres de rente, par Geoffroy Mauferas, prévôt de l'archevêque, et Pierre des Prés, le gendre et le fils du fondateur du petit Hôtel-Dieu, Garnier des Prés (3).

(1) Voy. *infra*, p. 66, n. 1 et 3.

(2) Anne-Marie Doz, veuve Pierre Perrin, reconnaît posséder, en 1782, une maison «tenant d'un long, du levant, à une petite maison de ladite veuve Perrin, d'autre, du couchant, au sieur Thomas, acquéreur du sieur Balduc ». (Arch. Yonne, H 362, fol. 65.)

(3) « Gaufridus Mauferas, prepositus domini Senonensis et Petrus, filius defuncti Guarnerii de Pratis, recognoverunt dictum defunctum Guarnerium tenuisse ab ecclesia Sancti Remigii Senonensis, ad censum sex denariorum, domum quamdam Senonis, in Cordubanaria sitam, et eam Johanni Rabeau et heredibus ejus tenendam concessisse pro sex libris annui redditus, dicto defuncto Guarnerio et heredibus suis a memorato Johanne... annis singulis persolvendis. » (année 1228.) En 1261, cette maison appartenait au fils de Geoffroy Mauferas, Dreux de Nailly, comme l'indique l'acte suivant qui s'applique à une maison voisine, située comme celle de Geoffroy Mauferas dans la censive de Saint-Rémy; l'une et l'autre correspondent donc aux maisons étudiées ci-dessus. Par l'acte de 1261, « Dominicus Monfez, filius Nicholai dicti Cabarat, et Johanna, ejus uxor, filia quondam defuncti Gilonis le Gaufre », vendent à l'abbaye de Saint-Rémy la moitié d'une maison « que fuisse dicitur defuncti Petri Crochu et Guidonis de Cambio, site in magno vico Senonensi per quem itur a ponte Yone ad majorem ecclesiam Sen., in parrochia Sancti Petri Rotundi, contigua domui defuncti Droconis de Naailhaco dicti Mauferas ex una parte et domui Felisii dicti Chevalier, in censiva dicti conventus [Sancti Remigii] pro XL libris tur. » (Arch. Yonne, H 297.)

31. — LES TROIS-ÉTRIERS OU SAINTE-CATHERINE

En 1452, messire Pierre Dupuis, curé de Sainte-Colombe, reconnaissait tenir en la censive de Jean Chevrier, une maison dite des *Trois-Etriers*, qu'avait occupée son père, le lormier Colot Dupuis (1). Dix ans après, c'étaient ses deux frères ou ses deux neveux, Etienne et Jean Dupuis, qui la possédaient. La maison était alors en très mauvais état. Elle fut prise à rente par un chasublier, Huguet Chappillon, qui l'abattit et la fit reconstruire (2).

L'enseigne de l'ancien lormier ne pouvait convenir à Chappillon. Il fit donc peindre sur sa maison neuve une image de *Sainte-Catherine*, pareille à celles qu'il brodait sur les bannières d'église, éclatante comme les orfrois dont il ornait le velours de ses chapes ou la soie brochée de ses chasubles. Quelque temps après, le chasublier quittait la Grande-Rue pour la rue Couverte, mais il laissait l'enseigne à son ancienne maison, qu'occupèrent après lui l'élu Jean Picon et le drapier Sarteau au XVe siècle (3), les tanneurs Nicolas et François de Polangis au XVIIe (4), Louis Boutet, Hubert

---

(1) « Messire Pierre Dupuis, prebstre, curé de Sainte-Colombe, fils de feu Colot Dupuis, à cause de sa maison des *Trois-Estriés,* assise en la Grande-Rue de Sens nommée la Cordonnerie. » (année 1452.) (Arch. Yonne, E 297, fol. 15.) — « Messire Pierre Dupuys, pour sa maison... tenant d'une part à Jehan Matignon et d'autre part à Guillaume de Savigny, aboutissant par derrière à Me Jehan Legoux. » (année 1459.) (*Ibid.,* E 297, fol. 18 et 26 v°.)

(2) « Huguet Chappillon, chazublier, pour sa maison qu'il a faict faire neufve, assise en la Grant-Rue, tenant d'une part à la maison feu Estienne Matignon, en laquelle de présent demeure ung bourrelier, d'autre part aux hoirs feu Guillaume de Savigny, laquelle ils tiennent à rente des religieux, abbé et couvent de Saint-Pol, par derrière à Bernard Fauvelet, cousturier, et par devant au pavé royal. » (année 1469.) (Arch. Yonne, E 297, fol. 49 et 66 v°).

(3) « De Jehan Picon pour sa maison où pend l'ymage *Saincte Katherine,* qui fut Huguenin Chappillon, assise en la Grant-Rue, tenant d'une part à la maison Pierre Guérart, d'autre à Jehan Meline, chappelier, par derrière aux héritiers Bernard Fauvelet. » (Arch. Yonne, E 298, fol. 22, 38 v°, 44, 58 v°, 69 v°, 77, 95, 113.)

(4) « François Polangis, tanneur, pour sa maison où pendoit autrefois pour enseigne l'*image de Sainte Catherine,* tenant d'un long d'occident aux héritiers d'Isaac Laurent, d'autre, d'orient, à Isaac Balduc, d'un bout par derrière au crottereau. » (Biblioth. de Sens, manusc. 52, fol. 65.)

Genêt (1), d'autres encore, au XVIIIᵉ. En 1475, Catherine Perceval, tenancière des Etuves-d'en-Bas, avait cédé aux religieux de Saint-Rémy, moyennant 200 livres, une rente de 20 livres sur cette maison (2).

Le nᵒ 128 actuel correspond à l'ancienne maison de Sainte-Catherine. L'orfèvre Isaac Balduc était installé à la fin du XVIIᵉ siècle au nᵒ 130, où l'avait précédé un potier d'étain, Jean Sassier, et où lui succéda un notaire, Sulpice Legris (3). Puis venait, en 1755, la boutique (nᵒ 132) du chapelier Louis Rousseau. Avant lui, l'avaient occupée son père Cosme Rousseau, son grand-père maternel Pierre Dalençon, son bisaïeul Baptiste Dalençon, son trisaïeul Jean Dalençon, tous tanneurs (4).

Juste en face la rue du Mouton, existait dès la fin du XVIᵉ siècle l'officine de l'apothicaire Guillaume Nagent (5). Un de ses descendants, Louis Nagent, alla se fixer, nous l'avons vu, à l'ancien Dauphin, et à la boutique abandonnée par le pharmacien le notaire Maillet apposa les panonceaux

(1) Voy. *supra*, p. 64, n. 4; p. 66, n. 3 et 4.

(2) Arch. Yonne, H 297. Dans cet acte, la maison est dite tenir, comme plus haut, « d'une part à Pierre Guérart, d'autre part à Jehan Meline, chapelier ».

(3) Isaac Balduc possède, en 1680, une maison « tenant d'orient à la veuve Baptiste Dalençon, d'occident à François de Polangis, du midi à Robert Rigollet ». (Arch. Yonne, H 479.)

(4) « De Jehan Dalençon, tanneur, au lieu de Savinien Dumas, qui estoit au lieu de Bonaventure Legros, veufve de feu Mᵉ Pierre Guérard, receveur des décimes, qui estoit au lieu de la veuve Jehan Guérard qui fut ou lieu d'Estienne Martin, pour la maison tenant d'un long à Guillaume Najen, d'autre long aux hoirs Jehan Sassier, potier d'étain. » (année 1642.) (Arch. Yonne, G 880.) — « De Cosme Rousseau, chapelier ... pour une maison tenant à Louis Najent, d'autre à Isaac Balduc. » (année 1701.) (*Ibid.*, G 926.) — « De Louis Rousseau, chapelier, au lieu de Marie Dalençon, sa mère, veuve de Cosme Rousseau, au lieu de Pierre Dalençon, pour une maison sise en la Grande-Rue, *partie méridionale*, paroisse de Saint-Pierre-le-Rond, tenant d'un long d'orient à la veuve Bourgoin au lieu de la veuve Maillet, notaire, d'autre au sieur Sulpice Legris notaire, d'un bout par devant à la Grande-Rue, d'autre du midy à Pierre Ménissier, cordonnier, 20 s. » (année 1755.) (Arch. Yonne, G 939; voy. G 889 à 939.)

(5) « De Mᵉ Guillaume Nagent, apothicaire, au lieu de la veufve et héritiers feu Estienne Martin, qui estoit au lieu de Jehan Meusnier, pour la maison qui fut à Richard Bénard, sise en la Grande-Rue *vis-à-vis la rue du Mouton*, tenant d'un long aux hoirs ou ayans cause de M. Baptiste Peschet, d'autre long à Jehan Dalençon, 48 s. p. » (année 1642.) (Arch. Yonne, G 880.)

de son étude (1). L'ancienne maison de l'apothicaire et du notaire (n° 134), était flanquée, au levant, d'une autre maison qu'avait possédée au xvi° siècle le prévôt de Sens, Guillaume Luillier (2), et dont l'emplacement correspond à l'immeuble de l'angle de la rue de la République.

32. — LES PORCHERONS ET LA POMME-DE-PIN

Revenons sur nos pas, de l'autre côté de la rue, à la maison des Herbelins. Les immeubles portant les n°ˢ 111, 113 et 115 sont parmi ceux dont l'histoire nous est le mieux connue. Ils appartenaient, en effet, au Chapitre et nous pouvons établir la liste de leurs locataires, pendant des siècles, grâce à la série ininterrompue des comptes de la Cloîtrerie.

C'est en 1272 qu'un clerc, Geoffroy du Marcheau, et sa femme, Elyssande, vendirent aux chanoines, moyennant 120 livres parisis, une maison sise dans la Grande-Rue, « en la Sellerie et Cordonnerie », entre la maison de feu Pierre le Cornillat et celle d'Aveline de Ternantes. Geoffroy l'avait acquise lui-même de son beau-frère, Etienne dit Col Rouge, dont la femme, Marguerite du Marcheau, l'avait reçue en héritage de son père, Jean du Marcheau (3). La

(1) Arch. Yonne, E 357, p. 18. En 1742, la maison Nagent et Maillet est possédée par Marguerite Raju, veuve Tristan Bourgoin.

(2) « La veuve Jehan Guérard, pour sa maison en ladite Grande-Rue, faisant le coing de la rue Couverte, au lieu de M° Guillaume Lhuillier, tenant d'un long et d'un bout au pavé royal, d'autre long à Estienne Martin. » (année 1541.) (Arch. Yonne, H 309, fol. 40.) La veuve Guérard possédait ailleurs une maison dont il a été question plus haut.

(3) « Gaufridus de Machello, clericus, et Elyssandis, ejus uxor, recognoverunt se ad perpetuitatem vendidisse... Capitulo ecclesie Senonensis quosdam domos suas, sitas Senonis in magno vico, in Seleria et Cordubenaria Senonensi, prout se comportant, inter domos defuncti Petri dicti *lou Cornillat* ex una parte et domui (*sic*) Aveline de Ternantis ex altera; quas quidem domos dicebant se emisse dicti Gaufridus et ejus uxor a Stephano dicto Colli Rubei et defuncta Margareta quondam uxore, dicti Stephani. Que etiam domus dicuntur *au Porcheron* et fuerunt defuncti Johannis de Machello, quondam patris dicte Margarete. » (année 1272.) (Arch. Yonne, G 1359.) — Les chanoines

maison était alors appelée les *Porcherons*. Cette appellation, donnée au XVIIIe siècle à un cabaret célèbre de la banlieue de Paris (1), devait s'appliquer originairement au lieu de réunion des porchers ou marchands de porcs. Tombée déjà en désuétude au XIIIe siècle, puisqu'on ne la retrouve plus dans les actes subséquents, elle évoque une époque très ancienne, où la topographie de Sens était sur ce point différente de ce qu'elle est aujourd'hui et de ce qu'elle était déjà au XIIIe siècle. Elle paraît avoir désigné primitivement plutôt un lieu dit qu'une maison et, à l'origine, sur l'emplacement où s'élevèrent dans la suite les maisons des Porcherons, devait s'étendre une dépendance du parvis, réservée aux transactions des marchands de porcs.

Les Porcherons correspondaient exactement aux trois maisons portant actuellement les n°s 111 à 115. Au milieu du XIVe siècle, ces maisons étaient occupées respectivement par Jean de Turny, Jean de la Treille et un couturier (2). En 1388 apparaît pour la première fois, dans les comptes du Chapitre, l'indication qui nous a permis de les situer. L'une des trois maisons des Porcherons, habitée par le couturier Guillaume Fèvre, y est dite en effet tenir, d'une part, à la maison de Robert le Diable et, d'autre part, à celle

s'étaient également rendus propriétaires, quelques vingt-cinq ans auparavant, de diverses maisons voisines qui, avec celle de Geoffroy du Marcheau, correspondent aux cinq immeubles qui, dans le manuscrit H 361 (XVIIIe s.), sous les n°s 135 à 139, sont mentionnées comme faisant partie de l' « ancien domaine » du Chapitre. Guillaume le Charpentier, en effet, reconnaît, en 1249, avoir vendu au Chapitre « tres pertes sextae partis cujusdam domus linee, sitae in magno vico, in Loremeria, ante domum lapideam que olim fuit, ut dicitur, Roberti de Feritate ». (Arch. Yonne, G 731.) En 1254, Eudes de la Ferté reçoit à bail du Chapitre « domum que fuit Roberti de Feritate, sitam in Sellaria, inter domum Aalydis de Macheello et domum dicti Odonis ». (*Ibid.*)

(1) C'est Lundi. L'homme, hier, buvait aux Porcherons
    Un vin plein de fureur, de cris et de jurons.
V. Hugo.

(2) « A relicta defuncti Johannis de Turni, pro domo de magno vico vocata *aus Porcherons*, quam tenet ad vitam suam, IIII l.; a Johanne de Treillia, pro duabus domibus intertenentibus sitis in magno vico juxta predictam domum, IIII l. XVI s.; a Gileberto de Meri pro domo *aus Porcherons*, IIII lib. » (Année 1346.) (Arch. Yonne, G 732, 733, 734, etc.)

de Colot Parisot (1). Or, la maison de Colot Parisot, c'était, nous l'avons vu, la future maison des Herbelins. Celle de Guillaume Fèvre était donc le n° 111 actuel; les désignations ultérieures viennent du reste confirmer cette identification.

A Guillaume Fèvre, le couturier, devaient succéder, au xv° siècle, Robin Mailleau, puis Rémy et Jean Maulmiré (2), marchands originaires de Villeneuve-le-Roi, le boursier Jean Bridaine et le chapelier Pierre Leclerc (3). Au xvi° siècle, une branche de la famille des Treillault quitta la maison des ancêtres, sise, nous l'avons vu, de l'autre côté des Bourses, et s'installa au n° 111. Successivement Louis, Edme, Roger, Jean et Savinien Treillault habitèrent là (4). Ils mirent à leur maison l'enseigne de la *Pomme-de-Pin*, qui subsistait encore en 1630, du temps du tanneur Guillaume Bouquet (5).

(1) « A Guillelmo Fabri, custurario, et Symona, ejus uxore, pro domo quam tenent in dicto magno vico, contigua ex una parte domui Roberti *le Diable* et ex alia domui Coleti Pariseti. » (année 1388.) (Arch. Yonne, G 744, 745, 746, 747; etc.)

(2) « De Remy Malmyré, marchant, pour sa maison que tint feu Robin Mailleau, tenant d'une part à la maison de Jaquin le Lordelat, maréchal. » (année 1430.) (Arch. Yonne, G 768, fol. 20 v°.) Voy. *supra*, p. 59, n. 4.

(3) « De Pierre Leclerc, pour une maison qui fut feu Jehan Bridaine, tenant à la maison dessus dicte et à Jacquin, bourrelier » (année 1491.) (Arch. Yonne, G 771). — « La veuve..., au lieu de Pierre Leclerc, chapelier, pour une maison assise en ladicte rue, qui fut Jehan Bridaine, tenant à la maison de Jehan Simon, boulanger, d'autre à Jaquin Herbelin, bourrelier, laquelle maison est de la censive du Chapitre. » (année 1520.) (*Ibid.*, G. 796.)

(4) « Louis Treillaut, au lieu de Roblet, fourrier, pour sa maison qui fut à Jehan Bridaine, tenant à la maison dudit Bourgoin, d'autre à Fiacre Herbelin. » (année 1552.) (Arch. Yonne, G. 807.) — « Louis Treillaut, marchand, au lieu d'Edme Treillaut, au lieu de Roblet, fourrier, pour sa maison de la *Pomme-de-Pain*, tenant d'une part à Savinien Bourgoin, d'autre à la veuve Fiacre Herbelin. » (année 1566.) (*Ibid.*, G 819).

(5) « Les hoirs ou ayans cause de Sébastien Bouquet, tanneur, pour leur maison où pendoit cy-devant pour enseigne la *Pomme-de-Pain*, tenant d'un long du costé d'orient aux héritiers de Magdelaine Thibault, veuve Jean Morain, d'autre du costé d'occident à un grand chast de maison qui fait le coin de la rue des Bourses, d'un bout du costé du midy à la Grande-Rue, d'autre du septentrion à Mᵉ François Leriche, ... IIII d. p. » (année 1695.) (Biblioth. de Sens, manusc. 52, fol. 1 v°.) Voy. *infra* p. . n. .

Robert, surnommé le Diable, le voisin du couturier Guillaume Fèvre, devait être le fils de Jean de la Treille qui occupait, dès le milieu du XIVe siècle (1), la maison correspondant au n° 113, car il y eut pour successeur Raoulet de la Treille. Mais les affaires de Raoulet périclitèrent et, en 1396, au terme de Saint-Rémy, il abandonnait la maison « causa paupertatis » (2). C'est à la suite de cet abandon que Robin Mailleau, le locataire de la maison précédente, réunit à la sienne l'ancienne maison de Robert le Diable (3). L'union des deux logis dans la même main subsista au temps des Maulmiré et du couturier Jean Legoix (4), auquel le Chapitre louait en 1441, moyennant 8 livres par an, un « hostel à deux pignons » (*hospitium ad duo pinacula*), attenant à la maison de Jacques le Lourdelat, où il est aisé de reconnaître les immeubles qui nous occupent. Au XVIe siècle, chaque pignon abritait un logis distinct : les Treillault habitaient l'un (n° 111) et un boulanger, Jean Simon (5), occupait l'autre (n° 113), où dès lors l'existence du four devait maintenir une lignée de boulangers : Jean et Savinien

(1) Voy. *supra*, p. 70, n. 1.

(2) « A Roberto *le Diable*, pro domo quam tenet in dicto magno vico, contigua domui J. Gauchu, ex una parte et domui quam tenet Guillelmus Fabri, custurarius, ex altera, IIII lib. xvie s. » (anneé 1391.) (Arch. Yonne, G. 747.) — « A Raoleto de Trillia, pro domo quam tenuit Robertus Diaboli, contigua domui quam tenet Henricus de Barro et domui quam tenet Guillelmus Fabri, custurarius. Tamen prefatus Roletus et ejus uxor dimiserunt dictam domum causa paupertatis circa Sanctum Remigium anno Domini M. IIIe IIII^{xx} XVI et a post nemo tenuit eam. » (*Ibid.*, G 751.)

(3) « A Robino Mailleau et Agnete, ejus uxore, pro domo quam tenuit Robertus de Treillia, contigua domui Petri Boulot et domui quam tenent heredes deffuncti Guillelmi Fabri, custurarii, IIII l.; ab eisdem conjugibus, pro alia domo, contigua ab una et ab alia parte domui Coleti Parisot quam tenuerunt heredes defuncti Guillelmi Custurarii. » (année 1411.) (Arch. Yonne, G 754.)

(4) « Hospitium ad duo pinacula ... contiguum ab una parte domui quam tenet a nobis Colinus Fusée et ab alia parte domui que fuit Jacobi le Lourdelat. » (année 1441.) (Arch. Yonne, G 754.)

(5) « De Jehan Petit, barbier, pour une maison assise en ladicte rue, où demeure à présent Jean Simon, boullanger, tenant à la maison dessus dicte (de Pierre Dauphigny) et à la maison Jehan Bridayne. » (année 1491.) (Arch. Yonne, G. 771.)

Bourgoin (1), peut-être aussi Jean Tenelle, successeurs de Simon, étaient comme lui boulangers (2).

Jean Lombart, dit de Soissons, occupa, de 1420 à 1439, la maison suivante (n° 115). Ce Jean Lombart, qui descendait sans doute d'un changeur italien, d'abord établi à Soissons, était alors un des plus riches marchands de Sens. Nous verrons qu'il possédait de nombreuses maisons dans la ville. L'une de ses filles épousa Colas Voisin (3), le père de Pierre Voisin, dont l'épitaphe se voit encore en l'église de Saint-Pierre-le-Rond (4). De quel négoce s'occupait-il ? Il est qualifié parfois *mercerius*, mais on ferait erreur de donner à ce mot le sens actuel de « mercier ». On trouve en effet des merciers qui vendent des clous et du métal et, au Moyen Age, le nom de « mercier » nous paraît avoir désigné une sorte de quincaillier.

Jean Lombart avait eu pour prédécesseurs dans cette maison Jean Gaucher ou Gauchu, à la fois tonnelier et sergent du Roi, un couturier appelé Henri, tantôt de Bray, tantôt de Bar, et un épicier, Pierre Boulot (5). Après lui, l'habi-

---

(1) « Savinien Bourgoing, au lieu de Jehan Bourgoing, boulanger, au lieu de Jehan Simon, pour sa maison tenant à la maison ci-dessus (de Claude Daufigny) d'un costé et d'un bout, d'autre à la veuve Roblet fourrier. » (Année 1552.) — « Savinien Bourgoing, pour sa maison tenant à la maison ci-dessus d'un long et d'un bout, d'autre long à la maison où pend pour enseigne la *Pomme de Pin*, chargée de 6 livres 5 s. de rente et IIII deniers de cens. (année 1566.) (Arch. Yonne, G 807, 810, 819, 828, etc.)

(2) « Marguerite Delamare, héritière de son père Nicolas Delamare, qui estoit au lieu de Jehan Chiganne, veuve Jehan Delamare, au lieu de Jehan Tenelle, au lieu de Savinien Bourgoing. » (année 1642.) (Arch. Yonne, G 880.) — « Les héritiers de Magdelaine Thibault, veuve Jean Morain, au lieu de Marguerite Lamarre », etc. (Biblioth. de Sens, manusc. 52, fol. 1 v°.)

(3) Arch. Yonne, H 297.

(4) Quesvers et Stein, *op. cit.*, I, p. 514.

(5) « A Johanne Gauchu, dolcario et serviente Regis, pro domo ... contigua ex una parte domui communitatis clericorum ecclesie Senonensis, in qua de presenti inhabitat uxor defuncti Martini le Sec, et ex alia parte domui Roberti le Diable, LXII s. » (année 1391.) (Arch. Yonne, G 747.) — « Ab Henrico de Barro, custurario, pro domo ... contigua ex una parte domui communitatis clericorum, in qua moratur relicta deffuncti Martini Lesec, nunc uxor Johannis Broquardi, tonsoris, et domui quam nuper tenebat Roletus de Trillia. » (année 1396.) (*Ibid.*, G 751.) — « A Petro Boulot, speciario, pro domo quam tenuit pridem J. Gauchu et Henricus de Brayo, custurarius, contigua ex una

tèrent, au xv⁰ siècle, Colin Fusée; au xvi⁰, Pierre et Claude Dauphigny, qui fit construire derrière sa maison un logis, annexé dans la suite à l'hôtellerie de l'Ecu de France sise au parvis; au xvi⁰, Potentien Guichard et Jean Morin (1). Il serait oiseux d'énumérer tous leurs successeurs au cours des deux siècles suivants; la liste pourrait s'en établir à l'aide du censier du Chapitre conservé à la Bibliothèque de Sens (2) et des comptes de la Cloîtrerie. Nous noterons seulement qu'à la fin du xvii⁰ siècle cette partie des anciens Porcherons fut un moment la propriété d'Olivier Jamard, procureur du Roi au bailliage de Sens (3).

33. — LES BALDUC ET LE BACHOT-D'ARGENT

Nous avons vu qu'un orfèvre du nom de Balduc était installé, au xviii⁰ siècle, dans l'ancienne maison de la Croix-de-Fer et que son grand-père ou bisaïeul, Isaac Balduc, avait habité la maison voisine de l'Image de Sainte-Cathe-

parte domui vicariorum ecclesie Senonensis in qua moratur relicta Guioti Perrecin et ex altera domui ecclesie quam tenet Robinus Mailleau. » (année 1411.) (*Ibid.*, G 754.) — « De Jehan Lombart, mercier, pour la maison qui fut Pierre Boulot, mercier, assise en ladicte [Grande]-Rue, tenant d'une part à la maison de Rémy Maulmiré. » (année 1435.) (*Ibid.*, G 767.)

(1) « Pierre Dauphigny, pour la maison que tindrent feu Nicolas Fusée, par avant Jean Boulot et depuis Jehan, barbier, tenant à la maison des vicaires de l'église de Sens, que tiennent la veuve et héritiers Berthier, potier de terre, d'autre part à la maison Jehan Simon, boulanger. » (année 1520.) (Arch. Yonne, G 796.) — « De Claude Lamy, marchand à Sens, et Jean Morin, aussy marchand, au lieu de Potentien Guichard, qui estoit au lieu de Claude Dauffigny, héritier de feu Pierre Dauffigny, son père, pour une maison sise en la Grande-Rue de Sens, consistant en deux corps de logis, dont l'un, qui est sur le derrière et appartient audit Lamy, est joinct au logis de *l'Escu-de-France,* tenant la totalité, d'un long, à la vefve et héritiers feu Nicolas Delamare et à la rue des Bourses, d'aultre à la vefve François Hatin, d'un bout à la Grande-Rue, d'aultre au sieur Lamy à cause dudit logis de *l'Escu-de-France,* VII livres V sols. » (*Ibid.*, G 869.)

(2) Biblioth. de Sens, manusc. 52, fol. 2; Arch. Yonne, G 796 à 939. Citons, après Potentien Guichard, Claude Lamy, Perrette Jullien, sa femme, Jean Jullien, Olivier Jamard, la veuve Etienne Guérin, etc.

(3) « De la veuve Estienne Guérin, marchande, au lieu de M. Jamard, procureur du Roy au bailliage, pour une maison sise en la Grande-Rue, consistant en deux corps de logis, l'un qui est sur le der-

rine ('1). Trois siècles durant, on trouve à Sens, fixés dans
ces parages, des orfèvres du nom de Balduc. Le plus ancien
que nous connaissions est Colas Balduc qui, en 1518,
posait « une petite aigle servant au pulpitre d'argent » de
la cathédrale. En 1529, notre « argentier » épousait Colette
Desmarets, la fille d'un chirurgien voisin; mais il mourait
quelques années après (2). Cette union était la seconde
de Colas Balduc; dès 1518, en effet, il avait un fils, Etienne,
déjà en possession de l'art paternel qui, cette année même,
réparait le calice de l'autel Sallazar (3). Il serait intéres-
sant de relever, à l'aide des comptes des fabriques des
églises de Sens, toutes les œuvres d'art religieux sorties des
mains de ces orfèvres : ciboires, calices, reliquaires, en-
censoirs, navettes ou patènes, qu'ils « racoustrèrent » ou
ciselèrent dans l'argent ou l'or, depuis Nicolas, premier du
nom, jusqu'à Isaac, en passant par Etienne, autre Nicolas,
Guillaume, Savinien et Nicolas troisième du nom (4).

C'est Nicolas Ier qui s'installa, en 1532 (5), dans la maison
voisine de celle de Claude Dauphigny (n° 117). Longtemps
propriété de la communauté des vicaires de la cathédrale,
elle avait, au cours des siècles, compté parmi ses locataires
un pelletier, Robert de la Canche (6), un barbier, Jean Bro-

---

rière, appartenante (*sic*) audit sieur Jamard, jointe à la maison de
l'*Escu-de-France*, tenant la totalité d'un long à Jean Niel, d'autre aux
héritiers Lamarre et à la rue des Bourses..., la somme de 7 livres
5 sols. » (Année 1701.) (Arch. Yonne, G 926.)

(1) Voy. *supra*, p. 67.

(2) Minutes du notaire François Boutet. (Communication de M. Roy.)
Collette Desmarets était veuve en 1536.

(3) « A Colas Balduc, argentier, pour avoir remis une petite aigle servant au pulpitre d'argent, XXX s. ; — item à Estienne Balduc, son filz,
pour avoir remys les armes de feu Monseigneur de Sens au calice servant à son autel Salazar et racoustré le pied dudict calice, V s. » (Année 1521.) (Arch. Yonne, G 1146.)

(4) Arch. Yonne, G 1006, 1023, 1154, 1233; H 443, fol. 113 v°, etc.

(5) « De Nicolas Balduc, orphèvre, lequel a constitué huict livres
tournois de rente annuelle et perpétuelle, payable chascun an au jour
Saint-Jehan-Baptiste, sur une maison assize en la Grand-Rue, où il demoure à présent, et sur aultres héritages et maisons plus a plain décla-
rez es lettres sur ce faictes par devant Jehan de Bourron, notaire
royal, le VIe juillet V^c XXXII; cy VIII l. t. » (Arch. Yonne, G 1006.)

(6) « A Johanne Gauchu, carpentario, et uxore sua, pro domo quam
tenent in dicto magno vico, ... contigua domui communitatis clericorum ecclesie Senonensis quam de presenti inhabitat Robertus de la

quard (1), un potier de terre, Berthier; Etienne, Nicolas deuxième du nom, puis Guillaume, succédèrent à Colas Balduc dans cette maison (2). Guillaume la quitta vers 1584 et elle passa alors à l'apothicaire François Hatin.

Ravau Niel, en l'achetant en 1654 des héritiers Hatin, voulut sans doute donner plus d'extension au commerce qu'il exerçait dans la maison voisine (n° 119). Ses affaires semblent avoir été très prospères; car son fils, Etienne, put acquérir un canonicat en 1664 et, en rapportant la mort de son collègue, en 1707, le chanoine Fenel nous dit qu'il était « fort riche » (3). Etienne Niel n'avait conservé que la jouissance de l'ancienne maison des Balduc (4), car l'autre maison de son père était passée en 1664 aux mains du marchand Bernard Boutet, par acquisition de la veuve Ravau Niel, Anne Lejeune (5). Avant Niel et Boutet, cette maison avait appartenu à Nicolas Couste, lieutenant particulier au bailliage de Sens, et, plus anciennement, à Jean Bourgoin et au cordonnier Jean Mariette (6).

Canche, pelliparius, ex una parte, et domui Roberti le Deable, ex altera parte, CXII s. » (année 1388.) (Arch. Yonne, G 744.)

(1) Voy. *supra*, p. 72, n. 5.

(2) « De Guillaume Balduc, orfèvre, pour une maison assise en la Grande-Rue de Sens, tenant d'un long à Claude Daulphigny, d'autre à Jehan Bourgoin, par devant à la rue et par derrière à l'*Escu-de-France*, qui doibt six livres de rente et y a sentence d'ypotecque de la dicte rente contre Estienne Balduc. » (année 1584.) (Arch. Yonne, G 1014.) — « De Mᶜ François Hatin, apoticayre, au lieu de Guillaume Balduc, orphèvre », etc. (année 1597). (*Ibid.*, G. 1022, fol. 37.)

(3) Arch. Yonne, G 700, fol. 173.

(4) « Mᶜ Estienne Niel, chanoine de Sens, au lieu de Jean Niel, son frère, qui estoit au lieu de la veuve Mᶜ François Hattin, pour sa maison sise en la Grande-Rue, tenant d'un long du costé d'occident à la précédente (de la veuve Morain), censable envers le Chapitre suivant le tiltre de Robert de Crécy, du mois d'octobre 1278, et le contrat d'acquisition fait par Ravau Niel de ladite maison, passé par devant Laurent le 29 mai 1654, II d. p. » (année 1695.) (Biblioth. de Sens, manusc. 52, fol. 2.)

(5) « Bernard Boutet, au lieu de Ravau Niel, pour sa maison tenant d'occident à la précédente (d'Etienne Niel), censable envers le Chapitre comme appert par l'hypothèque passée par Jean Mariette par devant Chomereau, le 8 janvier 1569, autre hypothèque d'Anne Lejeune, veuve Ravau Niel, du 27 décembre 1659, et contrat d'acquisition dudit Boutet par devant Aublet, le 29 mai 1664. » (*Ibid.*, manusc. 52, fol. 2.)

(6) « De Ravau Riel, marchant à Sens, au lieu de noble homme Nicolas Couste, lieutenant particulier au baillaige, qui estoit au lieu d'Edme Gaulthier, marchant, et d'Estiennette Mariette, sa femme, au

L'immeuble portant actuellement le n° 121 a son histoire racontée tout au long dans les registres des comptes de la Chambre du Chapitre. On y lit, en effet, au compte de 1630 : « De Jean Lecomte, menuisier, et Marguerite Marcillat, sa femme, au lieu de Simon Guichon, procureur, qui estoit au lieu d'Innocent Courtilier, marchand à Cézy, qui estoit au lieu de feu Edme Chomereau, notaire royal (1), qui fut au lieu de Jehan Daufigny et ledit Dauphigny au lieu de Hubert Gaulthier l'aisné, qui estoit au lieu de Pierre Leclerc, chapelier, pour unemaison que tinrent par avant eux Pierre Gentelles, tanneur, Claude Petit, cordonnier, Aubery Roger et Miracle, sa femme, sise en la Grant-Rue, paroisse Saint-Pierre-le-Ront, du costé de main senestre en montant, tenant d'un long à Raveau Niel, d'autre long à Estienne Le Bingeon (2), 4 livres 10 sous. » Toutes les maisons chargées de rente au profit des chanoines ont ainsi leur histoire retracée, par les comptables prolixes du Chapitre, en termes fastidieux, mais précis.

Des divers tenanciers de la maison de Jean Lecomte, nous ne retiendrons que le nom du notaire Edme Chomereau. Un acte du 2 décembre 1573 nous apprend qu'à cette date Robine Ygot, veuve de Pierre Bachot, cordonnier, possédait la moitié d'une maison, Grande-Rue, paroisse Saint-Pierre-le-Rond, où pendait pour enseigne le *Bachot-d'Argent*, et qui tenait d'un long à André Chomereau, notaire royal (3).

---

lieu de Jean Mariette, cordonnier, et ledit Mariette au lieu de Jean Bourgoin et Jeanne Guérard, sa femme, ... pour sa maison tenant d'un long à François Hatin, apothicaire, d'autre à Jean Lecomte, menuisier. » (année 1630.) (Arch, Yonne, G 1048 ; voy. G 1022 à 1055, etc.)

(1) « D'Edme Chomereau, notaire à Sens, au lieu de Jehan Dauphigny, bourgeois, pour sa maison assis en la Grande-Rue, paroisse Saint-Pierre-le-Rond, tenant d'un long à Jehan Mariette, d'autre à Jacques Gaulthier et autres héritiers de Jehan Alexandre, d'un bout au pavé royal, et par derrière à Catherine Dauphigny, laquelle, dès le dix-neuf-viesme jour de may mil quatre cens quatre-vins-dix, fut baillée à Pierre Leclerc moyennant la somme de quatre livre dix sols tournois. » (année 1580.) (Arch. Yonne, G 1011, fol. 57.)

(2) Arch. Yonne, G 1048.

(3) Minutes du notaire Barreau. (Communication de M. Roy.) La maison du *Bachot-d'Argent* est dite tenir « d'un long à Me André Chomereau, notaire royal, d'autre aux héritiers Eracle Cartaut, d'un bout au pavé, d'autre aux héritiers Dauffigny », et chargée de 40 sols de rente envers Louis Garnier, curé de Saint-Père-le-Rond.

Bien que l'extrait reproduit plus haut ne fasse pas mention d'André Chomereau, mais seulement d'Edme, nous pensons que la maison du Bachot-d'Argent, où le cordonnier Bachot, suivant là un usage dont nous trouverons d'autres exemples, avait transposé son nom dans son enseigne, doit être identifiée avec le n° 123, dont on trouvera ci-après l'historique.

34. — LE COIN DU MOUTON ET LA LANTERNE

Jusqu'en 1786, au lieu de communiquer largement avec la place de la cathédrale par la rue de la République, la Grande-Rue n'avait d'issue à cet endroit sur le parvis que par une ruelle étroite appelée la rue du Mouton. Cette ruelle ne s'ouvrait pas exactement dans le prolongement de la rue Couverte, mais en face de l'ancienne maison de l'apothicaire Nagent (1). Pour se rendre de la rue Couverte sur le parvis, il fallait donc, avant de s'engager dans la rue du Mouton, obliquer légèrement à gauche à l'angle de la Grande-Rue.

Au milieu du XVe siècle, Huguenin Petit, dit le Barbier, habitait la maison du coin de la rue du Mouton (2). Cette maison correspondait en partie à l'immeuble qui est à l'angle de la rue de la République, lequel a légèrement empiété sur l'ancienne rue du Mouton, reportée plus à l'est, dans le prolongement de la rue Couverte. Elle était chargée de 40 sols de rente envers les religieux de Saint-Pierre-le-Vif, auxquels l'avait léguée Jean Hodoart, élu et procureur du

(1) Voy. *supra*, p. 67, n. 5.
(2) « Huguenin Petit, barbier, pour sa maison en la Grant-Rue, au coing de la rue qui va au Moton, tenant d'un long à la maison Colin Chappelle, de l'autre long et à l'un des botz au pavé roial, et de l'autre costé à la maison des hoirs feu Jehan Maupin ; ledit Petit tient la maison de Saint-Père-le-Vif à XL sols de rente et si doibt à la grant Maison-Dieu de Sens XX s. t. d'ancienneté ; pour une année de censive, III d. ob. p. » (1168). Arch. Yonne, E 297, fol. 41.) — « Philipe, vefve de feu Huguenin le barbier, pour la maison où elle demeure et en laquelle ledit feu Huguenin est allé de vye à trespas, assise en la Grant-Rue de Sens, faisant le coing que l'on torne de ladicte Grant-Rue en la rue du Moton pour aller à l'église de Saint-Estienne de Sens, tenant d'une part et par derrière à la maison de Girart Maupin, par devant à la

Roi à Sens au fait des aides, de 1460 à 1480 (1). Avant lui, elle avait appartenu à Jean de Bragelogne, qui avait constitué sur elle, au profit de l'Hôtel-Dieu, une rente de 20 sous pour la célébration de son obit (2), puis à son fils Adam et enfin à Lambert Herbertaut (3), gendre d'Adam. Après que Huguenin Petit y fut « allé de vie à trépas », sa veuve y demeura quelque temps; mais le fils du barbier, Pierre Petit, s'étant fixé à Auxerre, Jean Daufigny l'aîné s'en rendit acquéreur et longtemps elle resta aux mains de son fils, l'apothicaire Louis Daufigny (4).

Les trois maisons correspondant aux n°s 127, 125 et 123, appartenaient au xv° siècle à la cure de Saint-Pierre-le-Rond. En 1448, Jean Merlin, curé de cette paroisse, louait à Colin Chapelle, couturier, la maison n° 127, attenant à celle de Huguenin Petit et, en 1482, son successeur Jean Perdrier la baillait, pour 70 sous de rente, à un autre couturier, Simon Malement (5). Celui-ci n'y demeura pas long-

maison Colin Chappelle et au pavé royal. » (1472) (*Ibid.*, E 297, fol. 46, 56 v°, 62.

(1) Quesvers et Stein, *op. cit.*, I, p. 434.

(2) « Le couvent de Saint-Pierre-le-Vif pour une maison assise en la Grant-Rue, faisant le coing de devant la Lanterne, que feu Jehan Hodoart donna audit couvent, chargée de XX s. t. de rente que feu Jehan Symon de Bragelongue donna à ladicte Maison-Dieu pour faire son anniversaire. » (Arch. de l'Hospice, B 3, fol. 5 v°.) Voy. aussi *supra*, p. , n. . — « Le couvent de Saint-Pierre-le-Vif, pour la maison séant en la Grant-Rue, au-dessoubz de la rue Couverte, qui fut feu Jehan de Brageloigne et depuis à Adam de Brageloigne et depuis à Lambert Herbertaut et dernièrement à Jehan Hodoart, tenant d'une part aux maisons du curé de Saint-Père-le-Ront et d'autre part et par devant au pavé. » (1450) (Arch. Yonne, H 308, fol. 13.)

(3) « Lambert Herbertaut pour ses ouvres séans en la Grant-Rue, près de la Lanterne, qui feurent feu Jehan de Brajalongue et depuis à feu Adam de Brajalongue, son sire, tenans à la maison du curé de Saint-Pierre-le-Ront laquelle fut feu Perrin Bochart, et des deux pars au pavé du Roy. » (1412) (Arch. Yonne, H 307, fol. 20 v°.)

(4) « Loys Dauphigny, pour la censive de la maison où il demoure ... tenant à Jehan Maupin et à Colin Chappelle que tient à présent Loys Desmarés. ,.. laquelle maison fut paravant aux religieux, abbé et couvent de Saint-Père-le-Vif dont lesdits religieux ont payé la censive par les mains de M° Jehan de Germigny, aumosnier de ladicte abbaye, laquelle maison fut Jehan Hodoart... et depuis fut à Huguenin Petit, barbier, et depuis à Philippe sa femme, depuis à Pierre Petit, demourant à Auxerre, à cause de son père; laquelle maison a acquise Jehan Dauphigny l'esné et de présent est à son filz Loys Dauphigny, apoticaire. » (1501). (Arch. Yonne E 298, fol. 82 et 108 v°.)

(5) Arch. Yonne, H 297.

temps et, en 1491, il vendit ses droits à Louis Desmarets, chirurgien, moyennant 40 livres une fois payées et un chaperon pour sa femme (1). Un pelletier, Jean Fendart, et un cordonnier, Gilles Oger, tenaient alors les deux autres maisons (n°ˢ 125 et 123), dans lesquelles ils avaient succédé à Pierre le pelletier et à Odot le cordonnier (2). La maison d'Odot le cordonnier devait passer plus tard à Pierre Bachot qui, en 1573, payait pour elle au curé de Saint-Pierre-le-Rond une rente de 40 sous.

Au xvIII⁰ siècle, le *Bachot-d'Argent* appartenait au mégissier Hérault, et la maison voisine, autrefois au pelletier Fendart, était depuis 1739 aux mains du ferblantier Gambier (3). Avant lui, Claude Moncourt, le drapier Eracle Boutet, son fils Louis Boutet, le mégissier Jean Boivin l'avaient possédée et elle était advenue aux vendeurs de Gambier, le notaire Gautier et Jean-Charles Bureau, premier huissier-audiencier au bailliage de Sens, par héritage de la veuve de Boivin, Jeanne Camusat (4). A la même époque, Savinien Hédiard, bourgeois, voisin de Gambier, occupait l'ancienne maison du couturier Chapelle, dans laquelle il avait succédé à Balthazar Martin et au notaire Jean Bollogne (5). A l'angle

(1) Arch. Yonne, H. 297.

(2) *Ibid.*, H. 297 et H. 304.

(3) Le compte de la cloîtrerie de 1739 indique que la maison Thomas Letteron, successeur de Hubert Genet, Louis Boutet, Ravau Niel et Nic. Couste (c'est-à-dire le n⁰ 119; voy. *supra*, p.   ), tient d'orient à François Sergis (Arch. Yonne, G 1114) et que la maison de Sergis (c'est-à-dire le n⁰ 121) tient d'orient au nommé Hérault (*Ibid.*). Or, le terrier des chanoines de Notre-Dame, dressé en 1743, indique que la maison de Gambier tient d'orient à Savinien Hédiard et d'occident à Edme Hérault, mégissier. (*Ibid.*, G 1446, fol. 47.) La maison d'Hérault, à l'orient de celle de Sergis, correspond donc au n⁰ 123, celle de Gambier au n⁰ 125, celle d'Hédiard au n⁰ 127 et celle de Lointier à l'angle. — Le manuscrit H 361 qui date de 1780 nous donne la série suivante des occupants des maisons depuis le n⁰ 119; il confirme ses indentifications : n⁰ 119 (ancien 136), Hunot; n⁰ 121 (135), *Sergis;* n⁰ 123 (134), Lemaire; n⁰ 125 (133), *Gambier;* n⁰ 127 (132), Dumont; angle (131), *Lointier.*

(4) Arch. Yonne, G 1446, f. 46.

(5) « Les héritiers Balthazar Martin, au lieu de Jean Bollogne, qui fut au lieu de Louis Chéreau, pour leur maison sise en la Grande-Rue, tenant d'un long, du costé d'orient, aux héritiers Fuzée, d'autre long, d'occident à Louis Boutet, d'un bout, du septentrion, à Pierre Marcillat, II d. p. » (1695) (Biblioth. de Sens, manusc. 52, fol. 65.)

de la rue du Mouton, le logis de Louis Daufigny, après être
passé aux mains de Savinien Maçon, de Jean Fusée et de
ses hoirs (1), était échu à un marchand nommé Lointier,
qui l'habitait en 1780 (2).

Le croisement de la Grande-Rue avec la rue Couverte
marquait le centre, à la fois géographique et commercial, de
la ville. Aussi, non loin de là, dès le xve siècle, une lanterne
publique, la seule qui existât alors, était accrochée à l'une
des maisons du carrefour, très probablement à la maison
qui, dans la Grande-Rue, faisait face à la rue Couverte. Les
jours d'hiver, aux premières heures de la soirée, quand la
vie n'était pas encore éteinte dans les rues déjà obscures,
elle jetait sa pauvre lumière sur les passants attardés.

(1) « Les héritiers de Me Jean Fuzée, pour leur maison qui fait le
coin de la rue du Mouton, tenant d'un long, du costé d'orient à ladite
rue du Mouton, d'autre du costé d'occident aux héritiers Martin, d'un
bout, du costé du midy à la Grande-Rue, censable suivant la reconnaissance de Louis Daufigny au censier de 1505, l'hypothèque de Savinien Maçon de 1622, II d. p. » (1695) (Biblioth. de Sens, manusc. 52,
fol. 65.)

(2) Arch. Yonne, H 361.

Auxerre. — Imp. A. Gallot